“双碳”目标下绿色技术市场推广问题与策略

公丕芹　张薇◎著

中国经济出版社
CHINA ECONOMIC PUBLISHING HOUSE
北 京

图书在版编目（CIP）数据

“双碳”目标下绿色技术市场推广问题与策略／公丕芹，张薇著．—北京：中国经济出版社，2023.8

ISBN 978-7-5136-7409-6

Ⅰ．①双…　Ⅱ．①公…　②张…　Ⅲ．①无污染技术-技术市场-研究　Ⅳ．①F713.584

中国国家版本馆 CIP 数据核字（2023）第 140250 号

责任编辑　冀　意
责任印制　马小宾
封面设计　九品轩

出版发行　中国经济出版社
印 刷 者　北京富泰印刷有限责任公司
经 销 者　各地新华书店
开　　本　710mm×1000mm　1/16
印　　张　10.5
字　　数　117 千字
版　　次　2023 年 8 月第 1 版
印　　次　2023 年 8 月第 1 次
定　　价　88.00 元
广告经营许可证　京西工商广字第 8179 号

中国经济出版社 **网址** www.economyph.com **社址** 北京市东城区安定门外大街 58 号 **邮编** 100011
本版图书如存在印装质量问题，请与本社销售中心联系调换（联系电话：010-57512564）

前言

2020年，我国提出了力争2030年前二氧化碳排放量达到峰值，力争2060年前实现碳中和的目标。绿色技术是实现碳达峰与碳中和目标的重要途径，也是我国发展方式绿色转型的重要抓手。党的二十大报告指出，应加快节能降碳先进技术研发和推广应用。我国已进入全面建设社会主义现代化国家的新发展阶段，充分发挥绿色技术的支撑作用，统筹推进工业化城镇化与能源、工业、城乡建设、交通等领域碳减排，对于推动经济社会发展全面绿色转型与“双碳”目标的实现具有重要意义。

本书聚焦绿色技术的市场推广课题，对关键词“绿色技术”和“市场推广”进行了辨析，认为绿色技术推广应用具有公益属性，单纯依靠技术企业开展市场化推广较为乏力，应促进开展协同化市场推广，充分发挥“有为政府”和“有效市场”的合力。本书从绿色技术推广应用的公益性这一根本属性出发，采用问卷调查、现场调研、专家访谈、文献综述及对比分析等方法，探讨绿色技术市场推广存在的问题与对策。

结合现有相关文献资料，本书界定了绿色技术的概念内涵和外延、现有绿色技术的类别和技术特点。绿色技术市场推广具有广泛的经济学理论支撑，包括外部性理论、“公地悲剧”等。绿色技术的推广应用会产生正向的外溢效应，也对各利益相关方产生正向收益；而绿色技术推广不畅则会产生负向的外溢效应，造成外部环境的“公地悲剧”。庇古税、科斯定理和企业社会责任等相关理论可以帮助缓解或解决外部性和“公地悲剧”的问题。在理论研究的基础上，本书对绿色技术推广的利益相关方进行分析，这些相关方包括政府、行业协会、用能单位、节能服务公司、金融机构、第三方机构等，在研究普通技术推广规律的基础上，演绎推理绿色技术推广的矛盾性和特殊性。

绿色技术推广现状从“国内”和“国际”两个角度入手，通过政策梳理、文献调研的方式开展研究。国内部分包括以政府相关部门为主体推动的绿色技术推广相关宏观政策、标准、技术推广目录等，并对其产生的作用进行评述。另外，研究现有的市场化和非市场化的绿色技术推广模式、模式发挥的作用。研究金融机构的绿色金融政策、机制和措施，以及在推动绿色技术推广中的作用。国际部分主要包括美国、欧盟、日本等发达国家（地区）在绿色技术市场推广方面的经验与做法以及对我国的借鉴意义。

本书通过多种形式与途径开展绿色技术市场推广存在的问题和障碍研究。对普适性问题和障碍进行了分析，对通过问卷调查和专家访谈了解到的问题和障碍进行了剖析，并在目前绿色技术推广现状和问题的基础上进行了综合研判。在宏观层面，促进绿色技术推广的政策、标准尚不完善，绿色技术认定和相关优惠政策措施有待进一步强化，管理机制体制仍存在制约，绿色融资政策和外部环境需要提升。在微观层面，通过开展实地调研和调查问卷，发现绿色技术推广在实践中仍存在信息不对称、绿色技术选择难、项目融资难、客户寻找难等具体困难和障碍。结合绿色技术推广现状、存在问题和障碍综合分析，本书认为，目前推动绿色技术更进一步推广仍然存在两个关键性障碍：一是绿色节能技术市场推广各利益相关方未形成协同合力；二是尚未形成以用户单位为导向的绿色技术推广模式，未抓住关键问题和主要矛盾。

在综合分析绿色技术推广现状、存在问题和障碍的基础上，本书提出促进绿色技术市场推广的路径和几项重点任务。通过综合研判，本书认为推动绿色技术市场推广的关键是要打通推广路径中的关键节点。用户企业提出了以用户单位为导向的绿色技术市场推广路径。绿色技术相关方，包括政府机构、行业协会、金融机构、第三方评价机构、技术企业都应该以用户企业为导向，以通过各种政策与手段促进用户企业积极采用绿色技术为目标。本书提出了绿色技术市场推广的重点任务，包括建立健全法律法规、政策和标准体系，建立和完善绿色金融财会制度体系，营造良好的绿色技术推广营商环境，发挥绿色技术企业的市场主体作用，提升绿色技术推广的国际合作等。

最后，在充分研究绿色技术市场推广现状、借鉴国际相关行业经验、发现市场推广存在的问题与障碍的基础上，本书结合绿色技术推广的若干项重点任务，提出了相应的政策建议。

目　录

1　研究背景 …… 001

1.1　进一步节能，提高能效，对绿色技术推广提出新的更高要求 …… 004

1.2　推进实现“双碳”目标需要绿色低碳技术的支撑 …… 005

1.3　实现高质量发展为绿色技术推广提供了广阔市场 …… 005

2　研究思路与研究内容 …… 007

2.1　关键词辨析 …… 009

2.1.1　“绿色技术”的公益属性 …… 009

2.1.2　协同化“市场推广” …… 010

2.2　研究思路和内容 …… 011

2.3　研究方法 …… 013

2.3.1　文献研究 …… 013

2.3.2　专家访谈 …… 014

2.3.3　现场调研 …… 014

2.3.4　问卷调查 …… 014

2.3.5　对比分析 …… 015

3　概念界定与经济学理论支撑 …………………………………… 017

3.1　绿色技术的概念、类别和特点 …………………………… 019

3.1.1　绿色技术的概念 ……………………………………… 019

3.1.2　绿色技术类别 ………………………………………… 021

3.2　经济学理论支撑 …………………………………………… 022

3.2.1　外部性与“公地悲剧” ……………………………… 022

3.2.2　庇古税和科斯定理 …………………………………… 024

3.3　绿色技术推广利益相关主体 ……………………………… 027

3.3.1　政府机构 ……………………………………………… 027

3.3.2　行业协会 ……………………………………………… 028

3.3.3　企业 …………………………………………………… 028

3.3.4　金融机构 ……………………………………………… 029

3.3.5　社会公众 ……………………………………………… 030

3.4　绿色技术推广规律 ………………………………………… 030

3.4.1　技术推广的一般规律 ………………………………… 030

3.4.2　绿色技术推广的规律特点 …………………………… 036

4　绿色技术市场创新和推广现状 ………………………………… 039

4.1　国家层面出台的推广政策、法规、标准体系 …………… 041

4.1.1　国家法律法规 ………………………………………… 041

4.1.2　纲领性指导文件 ……………………………………… 042

4.1.3　国家政策支持 ………………………………………… 043

4.1.4　指标体系和标准 ……………………………………… 046

4.2　国家层面的相关部委出台的绿色技术推广目录 ………… 048

4.2.1　绿色技术目录 ………………………………………… 048

4.2.2　目录技术分布及与地区经济发展的关系 …………… 051

4.2.3 绿色技术的投资强度 …… 052
4.3 绿色技术创新发展与成效现状 …… 053
4.3.1 绿色技术科技创新发展的投入资金稳步增加 …… 053
4.3.2 绿色低碳技术专利快速增长 …… 054
4.3.3 绿色低碳技术创新取得进展和成效 …… 055
4.4 绿色技术非市场化推广模式 …… 058
4.4.1 政府补贴和政策“倒逼”的推广模式 …… 058
4.4.2 以行业协会为主的推广模式 …… 062
4.4.3 金融机构推动的推广模式 …… 064
4.5 绿色技术市场化推广模式 …… 065
4.5.1 以企业为主的绿色技术推广模式 …… 065
4.5.2 依托合同能源管理机制的节能技术推广模式 …… 067

5 国际绿色技术市场推广的经验和启示 …… 071

5.1 美国绿色技术推广经验 …… 073
5.2 欧盟绿色技术推广经验 …… 082
5.3 日本绿色技术推广经验 …… 094
5.4 国际经验对我国的启示 …… 102

6 绿色技术市场推广存在问题与障碍 …… 109

6.1 普适性问题与障碍 …… 111
6.1.1 法律法规与政策体系 …… 112
6.1.2 管理机制体制制约 …… 114
6.1.3 绿色技术推广融资困难 …… 115
6.1.4 绿色技术评价指标及体系 …… 116
6.1.5 外部营商环境 …… 116

6.2 调查问卷及专家访谈分析 …… 117
6.2.1 企业间无序竞争，存在大量“劣币驱逐良币”情形 …… 118
6.2.2 政府对绿色技术推广政策引导和支持力度需进一步加大 …… 119
6.2.3 绿色消费观念不足，用户认知度不够 …… 120
6.2.4 绿色技术创新不足，绿色技术研究水平参差不齐，推动市场推广的关键技术少 …… 122
6.2.5 技术产品初始投资大，投资回收周期长，落地难 …… 123
6.2.6 企业绿色技术推广渠道单一，融资途径不畅 …… 123
6.3 绿色技术市场现状与问题综合剖析 …… 125

7 绿色技术市场推广路径和重点任务 …… 127

7.1 以用户企业为导向的绿色技术市场推广路径 …… 129
7.2 绿色技术市场推广重点任务 …… 131
7.2.1 健全和完善绿色技术推广相关法律法规、政策和技术标准体系 …… 131
7.2.2 健全和完善绿色金融财会制度体系 …… 133
7.2.3 着力优化打造绿色技术推广一流营商环境 …… 134
7.2.4 促进绿色技术企业发挥技术推广主导作用和市场主体作用 …… 136
7.2.5 推动和促进绿色技术推广的国际合作与对外开放 …… 136

8 绿色技术市场推广的建议和措施 …… 139

8.1 基于全生命周期的绿色技术推广 …… 141
8.1.1 加大科技投入力度，支持绿色技术推广商业化示范工程 …… 141
8.1.2 推动绿色技术遴选与评价过程规范化 …… 141

8.1.3 推动成长期绿色技术应用规模化和产业化 …………… 142
8.1.4 推动成熟期绿色技术推广应用普及化 ………………… 142
8.2 强化约束机制和“倒逼”机制促进用户单位采用绿色技术 … 143
8.2.1 推动开展创建绿色制造体系、节约型机关、绿色学校等绿色主题系列活动 …………………………………… 143
8.2.2 加强重点用户企业和单位的监督考核，“倒逼”采用绿色技术 ………………………………………………… 143
8.2.3 积极推动绿色技术潜在应用单位开展绿色技术应用情况核查 ………………………………………………… 144
8.3 建立和完善金融财税机制，促进绿色技术推广应用 ……… 144
8.3.1 创新多样化财政资金的投入和使用方式 ……………… 144
8.3.2 创新采用税收杠杆促进外部成本内部化 ……………… 145
8.3.3 创新市场化金融产品和服务 …………………………… 146
8.4 完善绿色技术推广网络平台建设和市场化运行，推动绿色技术完善市场化推广机制 ……………………………… 146
8.4.1 构建立体式绿色技术推广网络平台 …………………… 146
8.4.2 加强绿色技术推广和服务机构的能力建设 …………… 147
8.4.3 拓宽绿色技术信息传播渠道，提高绿色技术推广应用意识 ……………………………………………………… 147

参考文献 ………………………………………………………… 149

重要术语索引 …………………………………………………… 155

1

研究背景

2020 年 9 月 22 日，习近平总书记在联合国大会一般性辩论上做出碳达峰、碳中和的重大宣示。我国已进入全面建设社会主义现代化国家的新发展阶段，充分发挥科技创新的支撑作用，统筹推进工业化城镇化与能源、工业、城乡建设、交通等领域碳减排，对于保障经济社会高质量发展与“双碳”目标实现具有极其重要的意义。习近平总书记在多个场合都强调过绿色低碳技术[①]创新发展的重要性，如在中共中央政治局第三十六次集体学习时强调，推进“双碳”工作，要狠抓绿色低碳技术攻关，加快先进适用技术的研发和推广应用；在 2021 年底的中央经济工作会议上强调，要加快绿色低碳科技革命，要狠抓绿色低碳技术攻关，加快先进适用技术研发和推广应用。党的二十大报告指出，应加快节能降碳先进技术研发和推广应用，倡导绿色消费，推动形成绿色低碳的生产方式和生活方式。

绿色低碳技术正成为全球新一轮工业革命和科技竞争的重要新兴领域。随着我国绿色低碳循环发展经济体系的建立健全，绿色低碳技术创新日益成为绿色发展的重要动力，成为打好污染防治攻坚战，推进生态文明建设，推动高质量发展的重要支撑。2022 年 12 月，国家发展改革

① 我国提出“双碳”目标后，“绿色低碳技术”的概念被广泛使用，但政府文件中仍使用“绿色技术”，因此本书在不同上下文背景中会使用“绿色技术”或者“绿色低碳技术”的表述。

委、科技部印发《关于进一步完善市场导向的绿色技术创新体系实施方案（2023—2025年）》指出，应进一步完善市场导向的绿色技术创新体系，巩固企业创新主体地位，完善转化应用市场机制，加强创新服务保障，以推动形成各类创新主体活力竞相迸发、产学研用衔接高效、创新效能持续提升的绿色技术创新工作格局，为加快发展方式绿色低碳转型、推动高质量发展提供有力的科技支撑。

1.1 进一步节能，提高能效，对绿色技术推广提出新的更高要求

自“十一五”以来，绿色低碳技术科技攻关和推广应用大幅度提升了能源利用效率。[①] 与2012年相比，2021年我国单位国内生产总值（GDP）能耗下降了26.4%，单位GDP二氧化碳排放下降了34.4%，主要资源产出率提高了约58个百分点。“十四五”“十五五”时期，能效提升的边际效用将呈递减趋势，需要绿色低碳技术的不断进步和系统迭代，以满足能效持续提升的要求。同时，随着技术的进步和推广应用，采用单项技术装备或产品实现节能降碳的空间逐步收窄，“位于低枝头的节能果实已经被摘取了”，要进一步提升能源利用效率，就需要进一步深入开展技术攻关。从系统角度来看，针对局部或者个别工序、环节开展节能改造，设备之间往往出现不匹配，甚至出现改造环节能耗降低、其他环节能耗不降反升、总体能耗上升的情况，需要采取能源综合服务解决方案。这些新情况、新问题都对绿色低碳技术和系统集成创新提出了更高的要求。

---

① 数据来源：2022年9月22日，国家发展改革委举行新闻发布会新闻稿。

1.2 推进实现“双碳”目标需要绿色低碳技术的支撑

要推进实现碳达峰与碳中和目标，就需要大力建设新能源占比逐渐提高的新型电力系统。据测算，要实现2060年前碳中和，非化石能源发电量需要从目前的34%提升至90%左右。新型电力系统稳定运行需要多种绿色低碳技术及其系统集成的强力支撑，必须提升电力系统优化配置资源能力，以提高可再生能源供给保障能力。电力生产从集中式向集中式与分布式并重转变，分布式能源对先进可再生能源发电及综合利用、适应大规模高比例可再生能源友好并网的新一代电网、新型大容量储能、氢能、智能微电网、低碳与零碳工业流程再造等关键核心技术均提出了更高的要求。未来，实现碳中和需要进一步加强负排放技术有力支撑。如碳捕集、利用与封存（CCUS）技术是实现碳中和的重要路径之一，特别是二氧化碳高值利用将构建新的产业链、价值链，但目前二氧化碳捕集、以二氧化碳为原料合成大宗化学品（碳酸酯、聚氨酯、尿素等）技术尚处于研发前期，研究基础薄弱。高安全性、低成本、长寿命储能技术仍待突破。此外，生态系统碳汇是实现碳中和的另一重要路径，需要加大陆地生态系统增汇技术、海洋生态系统碳汇技术、生态系统碳汇调查监测技术攻关力度。

1.3 实现高质量发展为绿色技术推广提供了广阔市场

绿色低碳技术推广应用既是推动供给侧结构性改革的内在要求，也是培育形成绿色新动能的关键动力。我国节能工作取得了显著成效，但能效水平仍低于世界平均水平的1/3，工业化水平、技术水平也还有很大的提升空间。节能降碳先进技术既是改造提升传统产业的重要支撑，同时也是催生新业态、创造新供给的重要领域，在推动经济发展质量变革、效率变革、动力变革，建立绿色低碳循环发展经济体系的过程中，将成为创新增长、绿色发展的增长点，获得巨大的发展空间。

2

研究思路与研究内容

2.1 关键词辨析

2.1.1 “绿色技术”的公益属性

普通技术是一般商品，通常是通过市场化推广的方式来推广应用的。企业是市场的主体，普通技术在企业推广应用的核心目的是提高企业生产和经营效率，降低成本，提高企业经济效益。普通技术推广应用的决策做出、风险承担和收益获取很大程度上都在企业范围内。普通技术的采用不会产生明显的外溢效应，对外部环境的关系和影响都相对较小。企业根据自身经营和发展情况评估，往往具有较强的内生动力去采用普通技术、设备和产品，提高生产力，改进生产经营，促进企业发展。

从语法上讲，“绿色技术”是偏正结构，用“绿色”来修饰和限定“技术”。那么，除了“绿色技术”外，其他的则为非绿色技术，也可以称为“普通技术”。与普通技术相比，“绿色技术”突出强调的是“绿色”和“环保”的概念，指相对于基准线情形，能在提供同等产品和服务的同时减少污染物排放，属于环境友好型和生态提升型的技术。与普通技术的推广应用不同，绿色技术的推广应用一个重要的典型特点是，当绿色技术应用后，会产生较强的正向外溢效应，通过减少能源资源消耗，减少各类污染物排放，达到降低污染、改善环境、促进绿色发展和生态优化的目标。这对于社会公众而言，是关系切身利益的。对于企业而言，绿色技术推广应用产生的节能环保效益往往要大于其带来的经济效益。作为市场主体的企业厂商，虽然负有企业社会责任（Corporate Social Responsibility），但它们仍将生存和发展作为第一目标。因此，和普通技术的推广收益模式不同，绿色技术的推广应用收益者包括企业、社会公众、政府等几乎所有社会机构和人员。绿色技术推广应用具有公益属性，具体如图 2-1 所示。

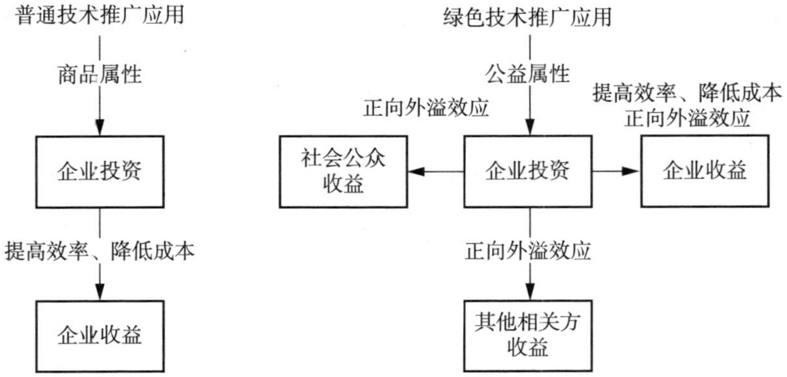

图 2-1　绿色技术推广应用的公益属性

2.1.2　协同化“市场推广”

市场经济是在经济运行中社会各种资源直接或间接地进入市场，由市场供求形成价格，进而引导资源在各个部门和企业之间自由流动，使社会资源得到合理配置。在市场经济中，经济行为主体的权利、责任、义务界限分明，从市场经济的理念上普遍强调竞争的有效性和公平性。

不同于普通技术，绿色技术具有公益属性。因此，单纯靠市场化推广存在较大困难。应充分发挥绿色技术应用正向外溢效应的利益相关方在推动绿色技术推广中的作用，确定各相关方的角色定位和相应职责。利益相关方包括政府机构、行业协会、用能企业、节能服务公司、金融机构、第三方机构等。形成多方参与、结构立体、密切互联、默契配合的绿色技术推广机制，形成合力，协同化市场推广，解决和扫除绿色技术市场推广的问题和障碍，推动绿色技术应用和产业绿色发展。

2.2 研究思路和内容

本书将对绿色技术的概念进行定义，明确绿色技术的内涵和外延。系统梳理绿色技术的类别，具体包括节能类技术、环保类技术、循环经济类技术、低碳类技术、清洁生产类技术。总结提炼绿色技术的特点。探讨绿色技术推广的经济学理论支撑，包括外部性理论和“公地悲剧”。从经济学角度，解决外部性和“公地悲剧”问题一般是征税及对产权进行确认，即庇古税和科斯定理。厘清绿色技术推广利益相关主体，包括政府机构、行业协会、企业厂商、金融机构及其他利益相关方和社会公众。研究技术推广的一般规律，包括技术推广和扩散的外部动力机制、技术推广S形扩散规律、新技术推广和标准形成的互促关系规律、基于合作网络的技术扩散路径等。绿色技术推广在遵循普通技术推广规律的基础上，还具有自身的规律和特点。

我国历来重视绿色技术的创新、推广和应用。首先，由国家层面出台了相关的法律法规、纲领性指导文件、国家政策支持以及指标体系和标准等内容。其次，由相关部委出台了绿色技术推广目录，包括《国家重点节能低碳技术推广目录》《国家工业节能技术装备推荐目录》《交通运输行业重点节能低碳技术推广目录》《公共机构绿色节能节水技术产品参考目录》《绿色技术推广目录（2020年）》《绿色产业指导目录》等，本书进一步研究了该目录技术分布情况及其与地区经济发展的关系、绿色技术的投资强度等内容。最后，总结和研究了目前绿色技术非市场化和市场化的推广模式。非市场化推广模式以政府机构、行业协会和金融机构为主进行，具有政策倾向性。市场化推广模式以技术企业和节能服务公司（ESCO）为主进行市场化运作和推广。

对美国、欧盟、日本等发达国家（地区）绿色技术推广体系的构成和现状进行梳理，通过分析法律体系、政策环境（知识产权保护、财政税收、金融、政府采购等）、市场环境、中介环境（信息传播）和社会支撑环境，从政府推动政策和市场推广等方面阐述相关国家的绿色技术发现、鉴别、筛选、论证、认定和推广等一系列活动的特点与方法，分析总结其对于我国绿色技术推广的启示和借鉴意义。

通过文献研究、问卷调查、现场调研、专家访谈等形式开展绿色技术市场推广存在的问题和障碍研究。分析了绿色技术推广的普适性问题和障碍，并在此基础上进行了综合研判。普适性问题主要包括促进绿色技术推广的政策、标准、绿色技术认定和相关优惠政策措施、管理机制体制、绿色融资政策和外部环境等方面。微观层面主要通过实地调研和调查问卷，发现绿色技术推广实践中存在的具体困难和障碍，包括信息不对称、绿色技术选择难、项目融资难、客户寻找难等现实问题。但是从目前绿色技术推广现状和存在的问题、障碍研究来看，要推动绿色技术推广更上一个台阶还存在两个方面的关键性问题：一是绿色节能技术市场推广各利益相关方未形成协同合力；二是没有形成以用户企业为导向的绿色技术推广模式，没有抓住关键问题和主要矛盾。

当前，绿色技术推广虽然取得了积极成效，但仍存在一些问题和挑战。通过问卷调查、专家一对一访谈、研讨会等多种形式，提出促进绿色技术市场推广路径和几项重点任务。通过系统分析和综合研判，在本书研究任务中，用户企业是推动绿色技术市场推广的关键节点，绿色技术市场推广应以用户企业为导向。绿色技术推广是一项系统工程，涉及多个相关方，如政府部门、行业协会、金融机构、第三方机构、技术企业等。分析了绿色技术市场推广的重点任务，包括构建较为完善的政策标准体系、法律法规体系，建立健全绿色金融财会制度体系，营造良好的技术推广营商环境，充分发挥绿色技术企业的市场主体作用，持续加强绿色技术推广的国际合作等。

最后，本书在系统分析当前绿色技术推广现状、存在问题和挑战的基础上，关注绿色技术推广的几项重点任务，从政策、机制、融资、平台等几个方面提出完善绿色技术市场推广的政策建议。

2.3 研究方法

本书将对市场机制的绿色技术推广路径和相关政策开展研究，在国内外相关政策梳理、文献研究的基础上，通过专家访谈、企业调研、专题研讨会等方式进行深入的探讨，最终构建出符合我国国情、具有可操作性的基于市场机制的绿色技术推广平台，并提出相关政策建议。具体研究方法如下。

2.3.1 文献研究

查阅国内外绿色技术推广的相关文献资料，分析总结国外发达国家绿色技术推广的经验和方法，包括宏观政策标准、微观企业推广模式等；梳理国内推动绿色技术研发、认定、推广等领域的相关政策、标准、我国绿色技术推广的做法和典型案例，分析企业技术推广过程中在融资模式、市场开拓、品牌建设等方面存在的问题和障碍。

2.3.2 专家访谈

与国内绿色技术领域相关专家进行座谈，了解国外发达国家绿色技术推广的先进经验及我国绿色技术推广存在的问题和障碍，探讨基于市场化的绿色技术推广的必要性和可行性，研究市场化推广路径，提出相关政策建议。

2.3.3 现场调研

现场调研是获取信息的重要渠道。现场走访绿色技术企业、金融机构和相关行业协会，与相关人员开展座谈，掌握绿色技术推广的现状及企业实际需求，了解金融机构对于绿色技术和项目的评价标准及需求，收集绿色技术推广的相关意见和建议。

2.3.4 问卷调查

问卷调查是本书的重要内容。为深入绿色技术企业、能源服务公司等单位了解绿色技术市场推广存在的问题和障碍，设计了绿色技术市场推广存在的问题与障碍调查问卷，对不同省份、不同行业、不同规模的相关企业进行调查，了解企业在绿色技术市场推广过程中遇到的困难和问题，获得来自企业的第一手反馈信息，并对问卷调查结果进行统计和分析。

2.3.5 对比分析

对比分析法主要应用于参考借鉴国际经验、其他技术推广和扩散、形成结论和政策建议等环节。例如，美国、欧盟、日本在促进绿色技术推广领域出台的相关政策法规、标准和管理体系、市场机制等。由于其他国家和中国在政治经济体制、发展阶段、资源要素禀赋、经济和用能结构等方面均存在较大差异，针对国际经验，要开展对比分析和评论，要借鉴、改进和摒弃兼而有之。

3

概念界定与经济学理论支撑

3.1 绿色技术的概念、类别和特点

3.1.1 绿色技术的概念

自工业革命以来大量化石能源的使用，推动经济、社会、科技、医疗、文化等各领域快速发展，人口也快速增长，生态恶化和环境污染等一系列问题同步出现，导致全球气候变暖。受生态恶化、环境污染、气候变暖等危机的影响，绿色发展、绿色产业、绿色项目、绿色技术（Environmentally Sound Technology，EST）等概念被提出来，并逐渐受到世界各国的广泛关注。2002 年，联合国开发计划署（UNDP）提出绿色发展的本质就是强调经济发展与生态环境保护的统一，是一种可持续的发展模式。2010 年 7 月，中科院发布《中国科学发展报告 2010》，报告中指出，绿色发展被定义为“生态健康、经济绿化、社会公平、人民幸福”四者的有机统一。

自党的十八大以来，“绿水青山就是金山银山”理念日益深入人心，绿色发展成为时代潮流。随着我国经济由高速增长阶段转向高质量发展阶段，推动绿色发展的任务也更加重要而紧迫。国内外学者对绿色发展评价也做了一些研究，认为主要从投入、生产和消费整个经济生命

周期入手推动经济系统绿色发展。推动绿色发展，根本在于推广应用绿色技术。党的十九大报告提出推进绿色发展，构建市场导向的绿色技术创新体系。技术创新能力是影响绿色发展的显著正向因素。党的二十大报告强调，要加快节能降碳先进技术的研发和推广应用。可见，绿色技术的研发、推广应用是评价绿色发展、推动实现绿色发展的重要手段。

“绿色技术”的概念最早是由 Brawn 和 Wield 于 1994 年提出的，它以技术应重视环境保护为理念，几乎涵盖了所有与环境相关的技术，得到了各国政府、企业和学术界的高度关注。绿色技术应该遵循生态原理和生态经济规律，通过应用可以收到节约资源和能源，避免、消除或减轻生态环境污染和破坏，生态负效应最小的“无公害化”或“少公害化”等效果。绿色技术概念有着非常丰富的内涵，众多学者从不同角度对其进行了分析和研究。从技术演化的进程来看，绿色技术经历了末端技术、无废工艺、清洁技术、污染预防技术等几个阶段，涉及资源能源综合利用、零排放、节约资源能源、源头控制、污染物去除等各种绿色技术类型。2019 年 4 月，国家发展改革委和科技部联合发布了《关于构建市场导向的绿色技术创新体系的指导意见》（发改环资〔2019〕689 号），该指导意见对绿色技术进行了定义：绿色技术是指降低消耗、减少污染、改善生态，促进生态文明建设、实现人与自然和谐共生的新兴技术，包括节能环保、清洁生产、清洁能源、生态保护与修复、城乡绿色基础设施、生态农业等领域，涵盖产品设计、生产、消费、回收利用等环节的技术，同时涵盖能够促进绿色发展的相关设备、装备和产品。

从绿色技术研究的总体状况来看，绿色技术推广应用的理念已经被人们广泛接受，相关的研究者和研究成果也越来越多，涉及哲学、自然科学技术、经济学、管理学等众多领域，主要内容包括绿色技术的前提、本质和社会环境等方面。尽管绿色技术概念的定义在具体层次和表述上有所侧重，但从总体上看，都具有服务于绿色发展、服务于人与自然和谐共生的属性。从广义上讲，有利于促进绿色发展和生态文明建设的技术都属于绿色技术范畴。同时，绿色技术具体内容界定具有较为明显的动态性特征，不同阶段的绿色技术的内涵存在一定的差异。本书采用广义的绿色技术的概念，即能够实现降低消耗、减少污染、改善生态，促进绿色发展和生态文明建设、实现人与自然和谐共生的先进新兴技术。

绿色技术也被称为绿色低碳技术，涉及领域多、范围广，包括能源绿色低碳转型、节能环保、清洁生产、低碳和零碳工艺流程再造、城乡和交通低碳零碳技术、负碳及非二氧化碳温室气体减排技术、低碳类工程、控制、信息管理、耦合优化类技术、氢能、储能、生态保护与修复、生态农业等领域，涵盖产品设计、生产、消费、回收利用等环节，同时还包括能够促进绿色发展的相关设备、装备和产品。

3.1.2 绿色技术类别

世界知识产权组织（WIPO）的“国际专利分类绿色清单”中，绿色技术专利主要分为七个大类，分别为替代能源生产、交通运输、能量保护、废弃物处理、农业和林业、行政管理和设计以及核电技术。

结合已经正式发布的《关于构建市场导向的绿色技术创新体系的指导意见》，广义上的绿色技术是指与生态环境系统相协调的新兴现代技术；结合当前国内外绿色发展形势与要求，现阶段狭义上的绿色技术不仅包括节能类技术、环保技术、资源循环利用类技术、清洁生产技术、清洁能源技术、低碳类技术、城市绿色消费技术、生态保护与修复技术、城乡绿色基础设施、生态农业技术等，还包括与上述各类技术相关的产品以及生产、设计、应用、管理等各个环节。

3.2 经济学理论支撑

3.2.1 外部性与“公地悲剧”

企业的生产经营活动对周边环境具有较强的外部性（Externality），这一问题在古典经济学时期就被提出来并进行讨论研究。最初，亚当·斯密在《国富论》的后半卷谈到公共工程和公共设施费用时意识到了“外部性”的存在。他认为，公共工程和公共设施这种事业不能期望个人或少数人出来创办或维持，会存在市场供应失灵问题。1890 年，马歇尔在《经济学原理》中提出了“外部经济”的概念。外部性的理论研究和发展一共经历了五个阶段：马歇尔的外部性理论、庇古的外部性理论、杨格的外部性理论、鲍默尔的外部性理论和科斯的外部性理论。

外部性的定义可以从外部性的产生主体和接受主体这两个方面来进行阐述。如外部性是一个经济主体对另一个经济主体或社会团体产生的不能通过市场价格进行买卖的影响，外部性是一个当事者（影响者）对另一个当事者（被影响者）产生的正面或负面的影响。在本书中，我们定义外部性为一个生产者的生产活动对其他生产者或社会公众所产生的成本或效益的情况。外部性有正外部性和负外部性之分。正外部性，是指一个生产者的生产活动使其他社会成员无须付出代价而得到好处；负外部性，是指一个生产者的生产活动使其他社会成员蒙受损失而未给予补偿。当出现正外部性时，一般不需要进行特别处理，往往是对经济社会发展起到促进作用的，如产业集群效应；而当出现负外部性时，往往需要进行调节和干预，以化解负外部性带来的消极影响。

改革开放 40 多年，中国经济发展取得了举世瞩目的成就，经济持续高速发展，年均增长速度接近 10%。2018 年，中国经济总量已达到 90.03 万亿元，居世界第二位。支持经济持续高速发展的巨额能源资源消耗逐步上升。以能源消费为例，2018 年我国能源消费总量为 46 亿吨标准煤，环境污染事件频发，已经达到环境容量的警戒线。要进一步发展经济，各类企业生产经营活动特别是消耗化石能源的生产企业，不可避免地会对周围环境产生负外部性影响，包括废气、废水、废渣的产生和排放，造成环境污染和生态恶化。

企业作为市场主体，其核心目的是提高企业生产和经营效率，降低成本，提高企业经济效益。而“三废”的排放不在企业理性处置范围内。对以利益最大化为目标的企业而言，为了扩大生产，必然消耗更多的资源能源，产生更多的污染物排放。企业为了经济利益可能不会顾及对环境和生态的破坏而肆意排放污染物，从而造成“公地悲剧”。1968 年，美国加勒特·哈丁（Garrett Hardin）教授在“The tragedy of the commons”一文中提出“公地悲剧”理论模型。加勒特·哈丁的“公地悲剧”理论模型描述了这样一个场景：一群牧民在同一块公共牧场放牧，每个牧民都拥有使用权且没有权力阻止他人使用，每个牧民为了使自己的利益最大化而对牧场过度使用，造成了资源枯竭，产生了公地的悲剧。

作为市场主体的企业都希望自己的收益最大化。“公地”作为一项资源或财产有许多使用者，每个企业都有使用权，但没有权力阻止其他人使用，从而造成资源过度使用和枯竭。例如，过度砍伐的森林、过度捕捞的渔业资源及污染严重的河流和空气，都是"公地悲剧"的典型例子。虽然每个企业都知道资源会由于过度使用而枯竭，但单独个体对阻止事态的继续恶化都感到无能为力，而且都抱着"及时捞一把"的心态加剧事态的恶化。

3.2.2 庇古税和科斯定理

企业生产经营活动产生的污染物排放、对外部环境的负外部性，属于"公地悲剧"的典型。可以通过两大手段实现外部效应内部化，即以庇古税为代表的公共政策手段和以科斯定理为代表的产权理论解决"公地悲剧"问题。

庇古税是由福利经济学家庇古提出的控制环境污染这种负外部性行为的一种经济手段。按照庇古的观点，导致市场配置资源失效的原因是经济当事人的私人成本与社会成本不一致，从而私人的最优导致社会的非最优。因此，纠正外部性的方案是政府通过征税或者补贴来改变经济当事人的私人成本。只要政府采取措施使得私人成本和私人利益与相应的社会成本和社会利益相等，资源配置就可以达到帕累托最优。这种纠正外部性的方法也称为"庇古税"方案。

庇古扩充了"外部不经济"的概念和内容，并将外部性问题对企业的影响效果转向企业或居民对其他企业或居民的影响效果。他运用边际分析工具阐释了外部性，并对正外部性和负外部性做了区分。他认为外部性的存在会导致市场机制的失灵，主张由政府采取措施进行干预以矫正外部性问题，使正、负外部性活动都能处于社会最佳水平。他认为通过征税和补贴可以实现外部效应的内部化，从而引导经济主体的经济行为，使得私人资源配置符合社会整体利益。

征收庇古税能使厂商的生产函数在其私人的生产函数的基础上增加社会成本，即对社会的外部性。从而在供求局部均衡体系中，这个新的供给曲线与消费者需求曲线的均衡点到达新的位置，使社会生产达到最优，减少污染产品的产量，使外部负效应内部化。庇古税的征收增加了企业的成本，其要负担社会成本损失，并且排放的污染物越多，其缴纳的税越多，这势必增加企业的生产经营成本。厂商在追求利益最大化的驱使下，会提高产品的技术含量，减少污染物的排放量，从而使整个行业的污染情况得到改善。

根据庇古税，政府在治理限制排污企业排放污染物方面有很强的控制力，一方面使厂商为其负外部性承担责任，减少污染物的排放；另一方面通过筹得资金，补偿受其负外部性影响的受害者，同时向正外部性企业提供补贴，提高其生产能力。再从税收的角度考虑，庇古税的增收能调节供给关系并且取代其他负外部性的收入来源，如各种乱收费。

科斯定理提出了另外一个解决外部性的思路。科斯定理认为，外部性效应往往不是一方侵害另一方的单向问题，可能是双向的。只通过征收庇古税来解决是不公平的。其实，解决外部性问题的实质是避免将损害扩大。科斯定理的核心在于产权明确，只要产权清晰，在交易成本为零的情况下，不论谁拥有产权，资源配置都是有效率的，可以基于自愿交易的私人合约行为对市场运转进行自我修正。科斯定理对产权理论的阐述，揭示了外部性问题的根源在于稀缺性导致的对资源使用的竞争性需求。

可见，公共政策下的税收政策和科斯定理的产权原理都是针对有限的资源下调整经济主体间的资源配置。两种手段都对负外部性，特别是污染等社会环境问题提出了治理的可能。比如，目前国内实施的碳排放权交易和用能权交易制度，在一定程度上是庇古税和科斯定理的一种应用形式①。

以能源消费领域为例，在企业生产经营过程中能源消费会对外部环境产生负外部性影响。长久以来，煤炭、天然气、电力等能源的使用和消耗被视为经济主体的经营自由，用能单位有权按照自身经济效益最大化，决定本单位的能源使用情况。因此，用能单位在生产过程中大多不考虑能源使用对社会资源产生的耗竭和外部污染，而是简单将企业能耗作为一种生产成本进行经济核算。党的十八届五中全会强调，"建立健全用能权、用水权、排污权、碳排放权初始分配制度"。中共中央、国务院在《生态文明体制改革总体方案》第四十二条中提出："推行用能权和碳排放权交易制度。结合重点用能单位节能行动和新建项目能评审查，开展项目节能量交易，并逐步改为基于能源消费总量管理下的用能权交易。建立用能权交易系统、测量与核准体系。推广合同能源管理。"《中共中央关于制定国民经济和社会发展第十三个五年规划的建议》指出，要"建立健全用能权、用水权、排污权、碳排放权初始分配制度，创新有偿使用、预算管理、投融资机制，培育和发展交易市场。推行合同能源管理和合同节水管理"。

用能权、用水权、排污权、碳排放权这些制度，都是为克服外部性而构建的初始分配制度和交易制度，是为节约资源、保护环境而进行的新尝试，目的是通过提高企业成本和产权明晰的方式解决稀缺资源的配置以及能源生产消费活动存在的外部性问题，是科斯定理的具体应用。

① 罗鸿．外部性内部化的公共政策手段和科斯定理［J］．现代商贸工业，2007（12）：92-93.

3.3 绿色技术推广利益相关主体

绿色技术的推广应用可以有效减少各类废弃物的产生，或对废弃物进行回收再利用。与普通先进技术相比，绿色技术的推广应用可以显著降低企业在生产经营活动中对外部环境产生的负面影响。对于用户企业而言，推广应用绿色技术，其产生的节能和环保效益通常要大于其带来的经济效益。因此，绿色技术的推广应用不仅是单个企业的市场化经济行为，而且是一项公益性活动。其推广应用涉及众多的组织和个体，它们之间会存在管理与被管理、互相服务等相关关系。这些组织和个体就是绿色技术推广应用体系中的利益相关者。绿色技术推广应用本质上是各个利益相关主体不断激励、妥协和博弈的结果。

3.3.1 政府机构

政府是国家管理的行政主体和执行机关，依法对国家政治、经济和社会公共事务进行管理，体现着公共行政活动的基本方向和内容。政府机构尤其要对公共利益和公共需求进行关注与管理。从经济学角度来看，政府是公共部门，有资源配置、收入分配和宏观调控三大主要作用。资源配置的作用，主要通过直接参与、间接参与和中性参与三种方式来发挥。直接参与的方式包括征收税费等调剂资源措施；间接参与包括通过制定产业政策、特殊支持或者限制性政策，对社会资源配置的流向、结构等进行引导；中性参与包括制定法律、法规等，推动建立资源配置秩序。政府推动资源配置的领域主要包括公有财产资源、市场失灵领域、外部性问题领域。绿色技术市场推广具有公益属性，因此在推广应用过程中，政府机构是主导者和支持者。政府行为的目的，是通过制定法律法规、政策标准等使绿色技术市场推广应用的各利益相关方在市场机制推动下逐步产生内在和持续动力，通过市场竞争来谋求自身利益。

3.3.2 行业协会

自20世纪末起，现代意义上的同业公会、行业联合会、行业协会等工业性协会相继在各个国家产生。行业协会的主要作用与职能是在社会分工和生产专业化的基础上形成的，行业内部是由规模相近的企业自行组织的，尽管在市场关系中这些企业之间有相互竞争的一面，但是为了表达和反映企业的共同要求，调整政府和工商业之间的关系，企业间仍需要加强联系，目的在于维护企业合法权益，协助和促进产业健康有序发展。绿色技术推广应用涉及节能环保、资源循环利用、清洁生产、绿色城市发展、生态保护与修复、生态农业等产业，也涵盖上述各类技术相关的产品以及生产、设计、应用、管理等各个环节。这些相关产业的行业协会为促进本产业提高生产效率，促进绿色发展，发挥协会作用，在本产业内鼓励和推广绿色技术。具体包括宣贯推动绿色技术应用的相关政策，遴选本产业内适用的绿色技术目录清单等措施。

3.3.3 企业

企业包括绿色技术企业、技术推广服务企业（如节能领域的节能服务公司）和用能企业。绿色技术企业既是绿色技术、设备、产品的生产厂商，也是积极推动技术应用的市场主体。绿色技术、设备和产品的市场推广，能给绿色技术企业带来实实在在的经济效益，带来最直接获益。同时绿色技术企业也为绿色技术应用、促进绿色发展做出了贡献，具有一定的公益性，是政策支持的产业类别。技术推广企业推广的技术包括绿色技术，是否优先推广绿色技术也是经济利益、社会责任、政策导向各方因素的综合博弈。用能企业是绿色技术推广应用的客户单位，绿色技术的推广应用可以促进用能企业生产活动更加节能、环保、清洁化，提高生产效率、降低生产成本等。但追求经济利益最大化的用能企业往往不看重其绿色的特征，这部分具有公益属性。用能企业是否优先选择使用绿色技术，不仅是用能企业的自主选择，也是企业承担社会责任情况的体现。

3.3.4 金融机构

党的十九大报告指出，加快建立绿色生产与消费的法律制度和政策导向，建立健全绿色低碳循环发展的经济体系。构建市场导向的绿色技术创新体系，发展绿色金融。绿色技术的市场推广应用需要融资支持，绿色金融在协同推进绿色技术推广应用和绿色发展中起到的作用不容忽视。绿色金融作为金融业与产业的“桥梁”，可以优化资源配置，引导社会经济资源流向支持环境改善、应对气候变化、资源节约高效利用和绿色发展的经济活动，推动经济结构调整与优化，促进经济可持续发展。

由于工业技术研发成本较高，风险较大，仅仅依靠市场资金很难流向绿色技术创新，政府很有可能会对开展绿色金融业务的金融机构实行相关的财政激励，也会对现有的绿色金融监管法规进行完善。未来或将逐渐出台各项配套政策支持体系、统一绿色金融标准体系、建立多层次绿色金融市场组织体系、丰富绿色金融产品体系、完善与规范绿色金融监管体系、建立绿色金融统计信息数据库、推动环境信息披露制度建设等，从而优化绿色金融生态环境，更好地促进绿色金融持续、健康、快速地发展，发挥金融服务绿色经济的作用①。

3.3.5 社会公众

社会公众包括普通的社会群众、相关非政府组织（NGO）、社会团体等。社会公众既是节能减排技术产品的直接消费者，也是节能减排先进适用技术推广使用的直接参与者。按照现代西方经济学关于“经济人”的假设，社会公众会用“经济利益”来衡量自己是否消费节能减排技术产品；同时，根据行为经济学的观点来看，社会公众还是节能减排事业的直接倡导者和监督者。由此看来，社会公众在节能减排技术推广应用利益相关者网络中扮演着双重角色，一方面是节能减排新技术的直接消费者或使用者，另一方面是政府机构不断修正、完善节能减排技术推广应用政策的积极推动者。社会公众力量的觉醒，不仅可以使节能减排技术拥有广阔的市场，而且可以形成有效的监督机制，使企业厂商面临更加完善的激励机制和惩罚机制，从而减少外部性。

3.4 绿色技术推广规律

3.4.1 技术推广的一般规律

3.4.1.1 技术推广和扩散的外部动力机制

技术推广和扩散的外部动力机制是指技术推广和扩散在针对扩散方

① 班娟娟．“技术+金融”两支点撬动绿色经济［N］．经济参考报，2017-11-09.

的推动力与针对接收方的拉动力的共同作用下，经过外部环境影响和催化促进技术从扩散方到接收方扩散，实现技术的推广（见图 3-1）。扩散方的推动力包括利益推动力、新技术的生命周期推动力和新技术的替代推动力。一是扩散方的利益推动力。技术拥有者对垄断收益的追求是技术扩散的动力源泉。为了通过新技术获得巨大的经济利润，其会把技术作为商品在市场上转移或出售，进而将技术创新进行扩散。通过将技术出售，技术创新扩散方还可以扩大自身技术和产品的市场份额。二是新技术的生命周期推动力。新技术产品会遵循四个阶段的生命周期，分别是新技术产品扩散的垄断阶段、模仿者生产新产品阶段、其他产品在市场上的竞争阶段，以及扩散方对竞争产品的技术引进阶段。三是新技术的替代推动力。随着第四次工业革命的到来，技术创新突飞猛进，前沿技术、颠覆性技术层出不穷，且广泛渗透到人类生活的方方面面。高新技术产业集群的一项新技术开发出来，倘若未能及时扩散并发挥其价值，可能很快就被彻底淘汰掉[①]。因此，新技术的替代带来的压力和推动力促使扩散方主动将技术迅速扩散。接收方的拉动力包括利益驱动拉动力和市场竞争拉动力。一是接收方的利益驱动拉动力。在市场经济条件下，技术的接收方同样具有追求利润的天性，加上自身研发能力有限，在这种双重因素作用下，会自发自愿地交流合作。二是接收方的市场竞争拉动力。技术接收方在采用新技术后，不但可以提高企业的生产效率，降低能耗和生产成本，还可以制造出性能更优、款式更新的产品，以满足新的市场需求，具有巨大的市场优势和市场竞争力。

---

① 阮传扬，韩莉娜．高新技术产业集群技术创新扩散的内生机制：以广州市为例［J］．广东经济，2019（11）：52-57.

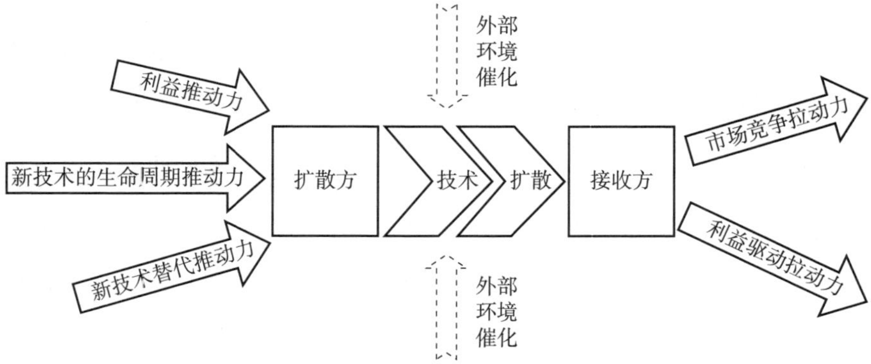

图 3-1　技术推广和扩散的外部动力机制

3.4.1.2　技术推广 S 形扩散规律

一项技术从研发成功到首次应用，经过大力推广扩散直至最后被新的技术替代的过程就是技术推广扩散的全过程，也是这项技术的生命周期。技术推广扩散可以理解为对创新技术的模仿和学习过程。

在时间展开方面，许多实证研究表明扩散过程具有 S 形的扩散变化路径，即技术推广 S 形扩散规律（见图 3-2）。S 形扩散规律包括三个阶段：导入阶段、加速扩散阶段和扩散速率递减直到终止阶段。技术扩散的三个阶段呈现不同的特点。在导入阶段，由于消费者对原有技术的路径依赖，新技术的首次采纳可能会存在各种类型的风险，新技术采用比例较低，扩散速度相对缓慢。一般来说，最先采用新技术的主要是一些风险偏好型的“敢于第一个吃螃蟹”，且希望通过高风险获得高收益的群体，或者对先进技术高度偏好和敏感的用户，通过他们形成的广告效应进一步实现下一阶段的扩散。与现有技术相比，新技术的技术效果及所带来的经济效益越显著，使用越便利，就越容易被新用户接受，技术扩散速度也就越快。

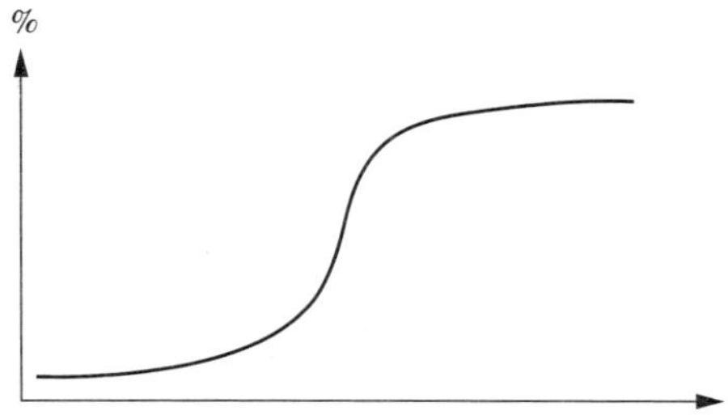

图 3-2 技术推广 S 形扩散规律

技术推广扩散的 S 形增长曲线反映出技术推广扩散过程中呈现的规律性特征：开始阶段扩散速度缓慢，当技术采用比例达到一定程度后，扩散速度开始加快，当达到峰值后扩散速度又减慢，最后呈水平线。

在空间展开方面，因为技术特征和技术推广扩散环境不同，S 形路径的具体形状、时间跨度（一般指扩散率 10%~90%经历的时间长度）等也不尽相同。

3.4.1.3 新技术推广与标准形成的互促关系

新技术往往具有先进性，较原有技术更具优势，随着采纳新技术企业数量的不断增多，其收益增长空间将受到限制。新技术一旦在市场中实现大规模扩散，将破坏企业原本共同遵守并执行的一系列规则，进而冲击原有技术标准。技术扩散发展和演化的后续过程将会驱动新技术标准的形成与锁定。从另一个层面来讲，新技术标准形成与锁定的过程是在竞争及合作交互作用下的技术扩散的发展和演化进程中实现的（见图 3-3）。

在企业群体中，作为扩散源头的企业（发现或掌握新技术的企业）在推动新技术标准形成过程中扮演着重要的角色。一般而言，该企业的市场地位越高，对技术标准的影响力越大。实力强大的扩散源企业会通过技术扩散活动在新、旧技术的竞争过程中对市场参与者施加影响。如通过市场手段和供应链关系，扩散源企业会对其竞争对手、供应商、消费者等施加压力，后者在市场机制的作用下通常会选择追随前者。

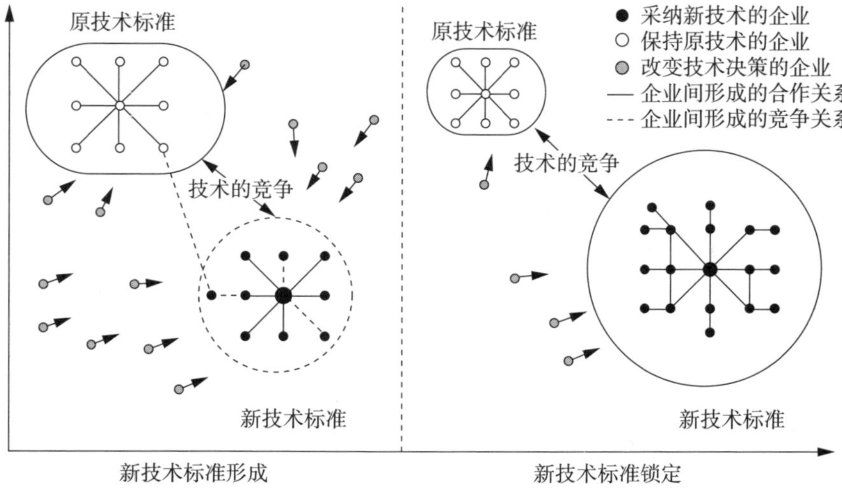

图 3-3　新技术推广与标准形成的互促关系

3.4.1.4　基于合作网络的技术扩散路径

美国针对共性技术（Generic Technology）研究了基于合作网络的技术扩散路径（见图 3-4）。共性技术是一种竞争前技术，它对产业技术水平、产品质量和生产效率都会发挥迅速带动作用，美国先进技术计划（ATP）和日本产业技术研究院（AIST）都认为共性技术是一项基础性研究。由于共性技术的公共性特征，美国政府在技术领域、技术市场上的干预逐渐扩大。制造业拓展合作伙伴计划（MEP）是为提升中小制造企业竞争力而设立的。政府制定政策给予支持和宏观调控，具体组织实施则由商务部下属的国家标准技术研究院（NIST）执行。

技术扩散服务体系作为一个系统具有特定的组成要素，各要素之间存在关联，处在特定的环境中。借鉴相关学者对科技服务体系的要素划分，把技术扩散服务体系的要素归为三类：组织要素、资源要素、环境要素。技术扩散服务的客体（如中小制造企业）是系统存在的前提，技术扩散服务的主体（如 MEP 地方服务中心）是这个系统的主要组成要素，技术扩散服务体系的组织管理规定了系统中各要素的关联性，法律法规则为技术扩散服务体系的发展与完善提供了环境保障。

组织要素是技术扩散服务体系的主要组成部分，是技术扩散服务体系最基本的单位。MEP 以非营利的 MEP 地方服务中心为核心，建立联邦、州政府、企业、大学等非营利机构间广泛的伙伴关系。这使得 MEP 可以提供独立服务，或者依靠合作伙伴，为制造企业提供服务。MEP 的合作伙伴包括：国家和地方政府；其他联邦政府机构部门、计划和实验室；大学、社区学院和技术学校；行业协会；专业社团；行业领袖和智库；经济发展组织；私营部门，包括咨询公司以及全国各地的制造商。MEP 自身以及 MEP 的合作伙伴组成了 MEP 网络的组织要素，其大类包括政府及相关部门、技术研发者、技术扩散者和技术使用者。

资源要素是指在技术扩散服务活动中，各相关人、财、物要素的组合。MEP 的资源要素包括人才资源要素、资本投入要素和基础设施要素等。例如，MEP 拥有 1300 名专家和超过 2500 名服务提供者，专家、行业领袖和科技服务人员是 MEP 重要的人才资源要素，这些人才资源通过全国网络，为全国各地的中小企业提供企业发展需要的供应链定位、新技术利用、制造工艺改进、员工培训等专业知识服务。联邦政府每年投入且逐年提高的预算、企业追加的投资等是 MEP 重要的资本投入要素。自 MEP 实施以来，联邦政府对 MEP 一直保持着连续性资助，资助力度总体呈加大趋势。设备、软件、MEP 中心空间等是 MEP 运行的基础设施要素。MEP 在全美的 60 多个 MEP 地方服务中心和接近 600

个办事处在属地范围内为中小制造企业提供技术服务，任何中小企业都可在两小时车程范围内找到能够提供技术服务的 MEP 地方机构①。

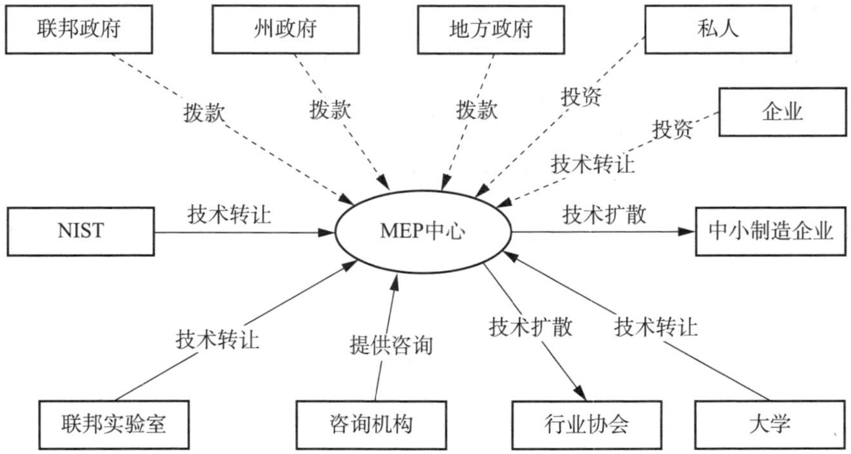

图 3-4　MEP 合作网络的技术扩散路径

注：虚线表示资本投入，实线表示技术扩散。

3.4.2　绿色技术推广的规律特点

绿色技术是技术的一种，技术推广的一般规律也适用于绿色技术推广。但绿色技术相对于一般技术而言，还具有绿色、公益、环保的属性，绿色技术的推广应用具有正向的外溢效应。因此，绿色技术推广还具有其自身独有的规律特点。

3.4.2.1　社会综合效益和公益属性需要政府参与及政策支持

绿色技术推广是一种准公共服务产品的推广，具有双重社会效益。技术创新本身具有推动作用，可推动相关行业技术水平的提高；而且由

① 马丽仪，陶秋燕，贺俊，等．我国技术扩散服务体系构建研究［J］．科技促进发展，2019，15（5）：447-455.

于能源消耗与大气污染物排放呈线性相关，减少资源消耗的同时能够削减大气污染物排放。同时，绿色技术特别是节能技术推广应用也是温室气体减排的重要途径，因此绿色技术进步和推广具有较为强烈的技术外溢性（正外部性）。外部经济性是指一个经济主体的行为对另一个经济主体的福利产生影响，这种影响没有从货币或市场交易中反映出来。当存在外部经济性时，私人活动带来了外部效益（External Benefit），但是这部分效益没有反映在私人效益（Private Benefit）中。当不存在外部经济性时，私人活动产生了外部成本（External Cost），但是这部分成本不反映在私人成本（Private Cost）中。当外部性为正时，造成外部性的一方所获得的私人收益小于社会收益，其生产量低于社会最优福利水平，即造成社会有效供给不足；当外部性为负时，造成供给方私人成本低于社会成本，其生产量高于社会最优福利水平，社会供给过多。

绿色技术能够直接减少能源、资源消耗，或者促进运用该技术的系统或设施降低能源、资源消耗，降低污染物的排放，具有较好的社会综合效益和公益属性。绿色技术的外部性特征要求在其生命周期的特定阶段给予一定的政府调节，从而使其主体所获得的私人收益接近于社会收益，保持节能新技术的社会有效供给。以节能技术为例，节能新技术具有推动相关行业技术水平提高、削减大气污染物排放、实现温室气体减排等综合社会效益，从而具有一定的技术外溢性（正外部性），是一种准公共服务产品。绿色技术的推广应用会产生社会综合效益和公益性，因此，需要政府的参与和政策支持。

3.4.2.2 绿色技术的成本效益比影响用户方决策

从宏观角度来看，绿色技术能够促进行业技术进步，提高生产效率，产生宏观经济效益；从微观角度来看，绿色技术可在一定条件下为技术持有者和接收者创造效益，在节约成本的同时提高竞争力。具体而言，一方面采用绿色技术可以提高能源、资源利用效率，从而降低生产成本，进而节省企业支出，产生直接的经济效益；另一方面采用绿色技术往往需要一定投资，也应形成合理的经济回报预期。

绿色技术集技术先进特性和绿色于一体。从市场化角度而言，用户企业希望付出合理的投资，购买先进的技术，提高生产效率，增加经济效益。而用户企业不一定希望为绿色这部分买单，绿色技术的成本效益比影响用户方决策。如果绿色装备、技术等价格过高，用户方可能会选择普通先进技术。

4

绿色技术市场创新和推广现状

4.1 国家层面出台的推广政策、法规、标准体系

4.1.1 国家法律法规

国家层面制定了《中华人民共和国建筑法》《中华人民共和国城乡规划法》《中华人民共和国节约能源法》《中华人民共和国可再生能源法》等与绿色技术相关的行政法规。2008 年 4 月 1 日施行的《中华人民共和国节约能源法》规定，中央财政和省级地方财政安排节能专项资金，支持绿色技术研究开发、绿色技术和产业的示范与推广、重点节能工程的实施、节能宣传培训、信息服务和表彰奖励等。对生产、使用国家推广目录支持的绿色技术、节能产品，实行税收优惠等扶持政策。在采购监管、金融信贷、价格政策等方面鼓励和支持绿色技术、产品、技术改造等项目。

2015 年 1 月 1 日施行的《中华人民共和国环境保护法》规定，国家采取财政、税收、价格、政府采购等方面的政策和措施，鼓励与支持环境保护技术装备、资源综合利用和环境服务等环境保护产业的发展。国家促进清洁生产和资源循环利用。国务院有关部门和地方各级人民政府应当采取措施，推广清洁能源的生产和使用。企业应当优先使用清洁能源，采用资源利用率高、污染物排放量少的

工艺、设备以及废弃物综合利用技术和污染物无害化处理技术，减少污染物的产生。

《中华人民共和国循环经济促进法》指出，国家鼓励和支持开展循环经济科学技术的研究、开发与推广，鼓励开展循环经济宣传、教育、科学知识普及和国际合作。国家鼓励和引导公民使用节能、节水、节材和有利于保护环境的产品及再生产品，减少废物的产生量和排放量。国家鼓励和支持中介机构、学会及其他社会组织开展循环经济宣传、技术推广和咨询服务，促进循环经济发展。

4.1.2 纲领性指导文件

党的十八大报告首次提出“推进绿色发展、循环发展、低碳发展”和“建设美丽中国”的发展方略。党的十九大报告将“必须树立和践行绿水青山就是金山银山的理念，坚持节约资源和保护环境的基本国策”“形成绿色发展方式和生活方式”作为习近平新时代中国特色社会主义思想和基本方略，并部署在绿色低碳领域培育新增长点、形成新动能，加快建立绿色生产和消费的法律制度与政策导向，建立健全绿色低碳循环发展经济体系。构建市场导向的绿色技术创新体系，发展绿色金融，壮大节能环保产业、清洁生产产业、清洁能源产业规模。推进能源生产和消费革命，构建清洁低碳、安全高效的能源体系。推进资源全面节约和循环利用，实施国家节水行动，降低能耗、物耗，实现生产系统和生活系统循环链接。倡导简约适度、绿色低碳的生活方式，反对奢侈浪费和不合理消费，开展创建节约型机关、绿色家庭、绿色学校、绿色社区和绿色出行等行动。

《中华人民共和国国民经济和社会发展第十三个五年规划纲要》提出要“大力发展循环经济”，“实施循环发展引领计划，推行循环型生产方式，构建绿色低碳循环的产业体系”。

在1996年制定的《中国跨世纪绿色工程规划》中，确定中国发展绿色技术的主要内容有能源技术、材料技术、催化剂技术、分离技术、生物技术、资源回收及利用技术。《能源生产和消费革命战略（2016—2030）》以绿色低碳为方向，坚持能源绿色生产、绿色消费，切实减少对环境的破坏，保障生态安全。此外，还制定了节能中长期规划等政策规划。

4.1.3 国家政策支持

国务院印发的《关于加快推进生态文明建设的意见》（中发〔2015〕12号）指出，坚持节约资源和保护环境的基本国策，把生态文明建设放在突出的战略位置，融入经济建设、政治建设、文化建设、社会建设的各方面和全过程，协同推进新型工业化、信息化、城镇化、农业现代化和绿色化，以健全生态文明制度体系为重点，优化国土空间开发格局，全面促进资源节约利用，加大自然生态系统和环境保护力度，大力推进绿色发展、循环发展、低碳发展，弘扬生态文化，倡导绿色生活，加快建设美丽中国。

国务院印发的《中国制造2025》（国发〔2015〕28号）提出，坚持把可持续发展作为建设制造强国的重要着力点，加强节能环保技术、工艺、装备推广应用，全面推行清洁生产。将发展循环经济，提高资源回收利用效率，构建绿色制造体系，走生态文明的发展道路作为基本方针，全面推行绿色制造。

国家发展改革委等部门印发的《关于促进绿色消费的指导意见》（发改环资〔2016〕353号）提出促进绿色消费，加快生态文明建设，推动经济社会绿色发展，加快推动消费向绿色转型，大力推动消费理念绿色化；规范消费行为，引导消费者自觉绿色消费，形成绿色消费主体；严格市场准入机制，增加生产和有效供给，推广绿色消费产品；完善政策体系，构建有利于促进绿色消费的长效机制，营造绿色消费环境等十七个举措。

国家发展改革委印发的《国家发展改革委关于组织开展循环经济示范城市（县）创建工作》（发改环资〔2013〕1720号）要求，以提高资源产出率为目标，根据资源禀赋、产业结构和区域特点，实施大循环战略，把循环经济理念融入工业、农业和服务业发展以及城市基础设施建设，在生产、流通、消费各环节推行循环型生产方式和绿色生活方式，构建覆盖全社会的资源循环利用体系，普及绿色循环文化，通过循环发展带动绿色发展和低碳发展，加快构建循环型社会，提高城市（县）环境友好水平、资源节约效益和新型城镇化质量，并在资金、政策等方面予以支持。

国家发展改革委、工业和信息化部《关于促进石化产业绿色发展的指导意见》（发改产业〔2017〕2105号）提出，深入推进石化产业供给侧结构性改革，优化产业布局，调整产业结构，加强科技创新，完善行业绿色标准，建立绿色发展长效机制，推动石化产业绿色可持续发展。

国家发展改革委办公厅印发的《绿色债券发行指引》（发改办财金〔2015〕3504号）提出，积极发挥企业债券融资对促进绿色发展、推动节能减排、解决突出环境问题、应对气候变化、发展节能环保产业等支持作用，引导和鼓励社会投入资金和资源，助力经济结构调整优化和发展方式加快转变。支持重点覆盖节能减排技术改造项目、绿色城镇化项目、能源清洁高效利用项目、新能源开发利用项目、循环经济发展项目、水资源节约和非常规水资源开发利用项目、污染防治项目、生态农林业项目、节能环保产业项目、低碳产业项目、生态文明先行示范实验项目、低碳发展试点示范项目。

国家发展改革委、国家能源局、工业和信息化部印发的《关于推进“互联网+”智慧能源发展的指导意见》（发改能源〔2016〕392号）提出，着眼能源产业全局和长远发展需求，以改革创新为核心，以“互联网+”为手段，以智能化为基础，积极构建绿色低碳、安全高效的现代能源体系，促进能源和信息深度融合，推动能源互联网新技术、新模式和新业态发展，推动能源领域供给侧结构性改革，支撑和推进“能源革命”，为实现我国从能源大国向能源强国转变和经济提质增效升级奠定坚实基础。

国家发展改革委《关于创新和完善促进绿色发展价格机制的意见》（发改价格规〔2018〕943号）提出，出台支持燃煤机组超低排放改造、北方地区清洁供暖价格政策，对高耗能、高污染、产能严重过剩行业用电实行差别化电价政策，全面推行居民用电、用水、用气阶梯价格制度，完善水资源费、污水处理费、垃圾处理费政策，出台奖惩相结合的环保电价和收费政策，创新和完善污水垃圾处理、节水节能、大气污染治理等重点领域的价格机制，理顺利益责任关系，引导市场，汇聚资源，助力打好污染防治攻坚战。

住房和城乡建设部设立了全国绿色建筑创新奖（绿色建筑创新奖包括工程类项目奖和技术与产品类项目奖），制定了推进可再生能源在建筑中规模化应用的经济激励政策。财政部设立了可再生能源专项资金，专项资金里有一部分是鼓励可再生能源在建筑中规模化应用，财政部与住房和城乡建设部颁布了《建设部、财政部关于推进可再生能源在建筑中应用的实施意见》《可再生能源建筑应用城市示范实施方案》以及《可再生能源在建筑中规模化应用的专项资金管理暂行办法》。住房和城乡建设部会同财政部出台了鼓励建立大型公共建筑和政府办公建筑节能体系的资金管理办法，办法明确了鼓励高耗能政府办公建筑和大型公共建筑进行节能改造的国家贴息政策①。

国家发展改革委、科技部《关于构建市场导向的绿色技术创新体系的指导意见》（发改环资〔2019〕689 号）提出，基于生态文明建设，以解决资源环境生态突出问题为目标，以激发绿色技术市场需求为突破口，以壮大创新主体、增强创新活力为核心，以优化创新环境为着力点，强化产品全生命周期绿色管理，与此同时，加快构建以企业为主体、产学研深度融合、基础设施和服务体系完备、资源配置高效、成果转化顺畅的绿色技术创新体系，形成研究开发、应用推广、产业发展贯通融合的绿色技术创新的新局面。

4.1.4 指标体系和标准

绿色发展指标体系。国家发展改革委、国家统计局、环境保护部、中央组织部在《绿色发展指标体系》《生态文明建设考核目标体系》（发改环资〔2016〕2635 号）中均提出，绿色发展指标体系采用综合指数法进行测算，“十三五”时期，以 2015 年为基期，结合“十三五”规划纲要和相关部门规划目标，测算全国及分地区绿色发展指数和资源利用指数、环境治理指数、环境质量指数、生态保护指数、增长质量指数、绿色生活指数 6 个分类指数。

循环经济发展评价指标体系。国家发展改革委、财政部、环境保护部、国家统计局印发《循环经济发展评价指标体系（2017 年版）》（发改环资〔2016〕2749 号），科学评价循环经济发展状况（见表 4-1）。

---

① 孔祥娟，张峰．我国绿色建筑成就斐然［N］．中国建设报，2008-06-25.

表 4-1 循环经济发展评价指标体系（2017 年版）

分类	指标	单位
综合指标	主要资源产出率	%
	主要废弃物循环利用率	%
专项指标	能源产出率	%
	水资源产出率	%
	建设用地产出率	万元/公顷
	农作物秸秆综合利用率	%
	一般工业固体废物综合利用率	%
	规模以上工业企业重复用水率	%
	主要再生资源回收率	%
	城市餐厨废弃物资源化处理率	%
	城市建筑垃圾资源化处理率	%
	城市再生水利用率	%
	资源循环利用产业总产值	亿元
参考指标	工业固体废物处置量	亿吨
	工业废水排放量	亿吨
	城镇生活垃圾填埋处理量	亿吨
	重点污染物排放量（分别计算）	万吨

绿色建筑标准体系。已发布与绿色建筑有关的《民用建筑热工设计规范》《民用建筑节能设计标准（采暖居住建筑部分）》《夏热冬冷地区居住建筑设计节能标准》《绿色建筑评价技术细则（试行）》《建筑节能工程施工质量验收规范》《绿色建筑评价标准》等数十项技术标准与技术规范。相关的绿色建筑评估体系成果包括绿色奥运建筑评估体系、中国生态住宅技术评估手册等。在技术导则方面，发行《绿色建筑技术导则》《绿色施工导则》等，这些导则确定了绿色施工的原则、总体框架、要点、新技术设备材料工艺和应用示范工程。在制度建设方面，建立了绿色建筑评价标识制度，发布了《绿色建筑评价标识管理办

法》《绿色建筑评价标准技术细则》《建筑门窗节能性能标识试点工作管理办法》《建筑能效测评与标识技术导则》《建筑能效测评与标识管理办法》等。为鼓励建筑施工领域科技创新，推动建筑施工环节科技进步，实现建筑全生命周期绿色发展目标，住房和城乡建设部编制了《绿色施工推广应用技术公告》。

农业绿色发展技术。为贯彻落实中共中央办公厅、国务院办公厅《关于创新体制机制推进农业绿色发展的意见》，大力推进生态文明建设，有力支撑农业绿色发展和农业农村现代化，农业农村部组织编写了《农业绿色发展技术导则（2018—2030 年）》。导则提出围绕实施乡村振兴战略和可持续发展战略，加快支撑农业绿色发展的科技创新步伐，提高绿色农业投入品和技术等成果供给能力，全面构建以绿色为导向的农业技术体系，在稳步提高农业土地产出率的同时，大幅度提高农业劳动生产率、资源利用率和全要素生产率，引领我国农业走上一条产出高效、产品安全、资源节约、环境友好的现代化道路，打造促进农业绿色发展的强大引擎。

4.2 国家层面的相关部委出台的绿色技术推广目录

4.2.1 绿色技术目录

节能工作的基础，在于优秀的节能技术，只有将优秀的节能技术筛选出来，才能为后续节能工作打下坚实的基础。我国各有关部门发布的节能技术目录具有很好的示范引领作用，对优秀节能技术起到了很好的推广作用。目前，已发布的主要绿色技术目录有国家发展改革委发布的《绿色技术推广目录》《国家重点节能低碳技术推广目录》，工业和信息化部发布的《国家工业节能技术推荐目录》《国家通信业节能技术产品推荐目录》，交通运输部发布的《交通运输行业重点节能低碳技术推广目录》，国家机关事务管理局发布的《公共机构绿色节能节水技术产品参考目录》等。由于各目录发布时间和频率等情况不同，本书只对上述四类目录当前已发布的最新版本做一下简单介绍。

4.2.1.1 《绿色技术推广目录》

为加大绿色技术推广应用力度，推动社会经济发展全面绿色转型，推动打赢污染防治攻坚战，实现碳达峰、碳中和目标，2020 年，国家发展改革委、科技部、工业和信息化部、自然资源部组织编制了《绿色技术推广目录（2020 年）》。该目录包含节能环保产业、清洁生产产业、清洁能源产业、生态环境产业、基础设施绿色升级 5 个类别，共发布 116 项绿色技术。该目录描述了技术名称、适用范围、核心技术及工艺、主要技术参数、综合效益等内容。

4.2.1.2 《国家重点节能低碳技术推广目录》

国家发展改革委于 2008 年发布了第一批《国家重点节能低碳技术推广目录》，截至 2017 年，已连续发布了 10 批。《国家重点节能低碳技术推广目录（2017 年本，节能部分）》涉及煤炭、电力、钢铁、有色、石油石化、化工、建材等 13 个行业，260 项重点节能技术。该目录内容主要包括技术适用范围、主要技术内容，典型案例适用的技术条件、建设规模、投资额、每年产生的节能量及二氧化碳减排量，目前推广比例，未来 5 年技术在行业内的推广潜力、预计总投入、预计每年产生的节能量及二氧化碳减排量。该目录配套编制的技术报告对目录中与各项技术相关的能耗及碳排放现状做了介绍，对技术内容、技术典型应用案例情况等内容做了进一步的详细说明。

4.2.1.3 工业和信息化领域节能技术推荐目录

2021 年，为了加快推动工业和信息化领域高效节能技术装备的推广应用，工业和信息化部组织编制了《国家工业节能技术推荐目录（2021）》《国家通信业节能技术产品推荐目录（2021）》《"能效之星"装备产品目录（2021）》。《国家工业节能技术推荐目录（2021）》包含钢铁行业、有色行业、建材行业、石化化工行业、重点用能设备系统、储能及可再生能源、智慧能源管控系统、余热余压等 8 个领域，共 69 项节能提效技术，未来 3 年预计产生 7500 万吨标准煤的节能量。《国家通信业节能技术产品推荐目录（2021）》包含绿色数据中心、5G 网络和其他 3 个类别，共 74 项技术，该目录描述了技术简介、适用范围和节能效果。

4.2.1.4 《交通运输行业重点节能低碳技术推广目录》

为了推动交通运输行业绿色低碳发展，鼓励引导交通运输行业应用先进适用的节能低碳新技术，交通运输部组织编制了《交通运输行业重点节能低碳技术推广目录（2021 年度）》。该目录共涉及 31 项技术，除了介绍技术基本情况以外，还介绍了应用案例的规模及节能效果，并明确提出了技术推广的建议。

4.2.1.5 《公共机构绿色节能节水技术产品参考目录》

技术节能是公共机构节能减排的重要手段之一，国家机关事务管理局与中国质量认证中心组织编制了《公共机构绿色节能节水技术产品参考目录（2017 年）》。该目录采取了动态管理机制，通过 4 个季度征集 200 余项节能节水技术，最终按照建筑隔热保温系统、空调通风系统、绿色数据中心、供热锅炉系统、照明和采光系统、供电配电系统、餐厨系统、能源消费监控体系、电梯及动力系统、用水系统、新能源和可再生能源利用、其他共 12 个部分收录了 103 项技术。该目录除了介绍技术产品的基本情况以外，还对技术产品的适用条件和限制条件做了说明，与同类产品做了横向对比，对典型应用案例做了介绍。

4.2.1.6 《绿色产业指导目录(2019 年版)》

2019 年，国家发展改革委会同有关部门研究并制定了《绿色产业指导目录（2019 年版）》，各地方、各部门要以该目录为基础，根据各自领域、区域发展重点，出台投资、价格、金融、税收等方面政策、措施，着力发展节能环保、清洁生产、清洁能源等绿色产业。

4.2.2 目录技术分布及与地区经济发展的关系

国家部委绿色技术目录中共涉及 400 项节能技术，虽然样本数量不多，但经过专家评审，可以在一定程度上展现绿色技术的发展现状。

根据掌握的各项绿色技术基本情况发现，大部分绿色技术由不同的单位提供，在 400 余家技术提供单位中只有不到 10%的单位有 2 项以上技术同时被各类目录收录，这说明我国绿色技术创新和发展行业整体还处于初步发展的阶段。通过研究我国绿色技术的地理分布情况发现，目前我国绿色技术主要集中在东部地区。

将绿色技术的地理分布情况与国家统计局发布的我国 2021 年地区生产总值情况叠加分析发现，绿色技术主要集中在生产总值较高的地区。将地区生产总值进一步细分至第一产业增加值、第二产业增加值、第三产业增加值，可以发现绿色技术的地理分布折线与第一产业增加值折线相关度较低，与各地区第二产业增加值、第三产业增加值折线的形态基本相同，个别地区节能技术与第三产业增加值的折线更加贴合。这说明我国绿色技术目前主要集中在第二产业、第三产业较发达的地区，一方面靠近市场需求有利于绿色技术的推广应用，促进了绿色技术的研发，形成了正向循环；另一方面第三产业发达地区聚集了大量技术企业，产生集聚效应吸引了更多绿色技术企业，从而催生了更多优秀绿色技术。

4.2.3 绿色技术的投资强度

绿色技术的投资强度，是指绿色技术项目建成后每年节约吨标准煤需要的投资额，即：

$$投资强度=\frac{项目总投资}{项目建成后的年节能量}$$

2013 年，中国银行业监督管理委员会（以下简称“银监会”）发布《关于报送绿色信贷统计表的通知》（银监办发〔2013〕185 号），建立了绿色信贷统计制度。该制度要求地方银监局和国内银行业金融机构每半年开展一次统计工作。其中，各政策性银行、国有商业银行、股份制商业银行、邮政储蓄银行等 21 家主要银行将绿色信贷统计报表报送给银监会。银监会于 2018 年 2 月集中披露了 2013 年至 2017 年 6 月国内 21 家主要银行绿色信贷的整体数据。根据银监会发布的《绿色信贷统计信息披露说明》给出计算公式：

$$贷款所形成的年节能减排量=\frac{银行对项目的贷款余额}{项目总投资}\times项目建成后的年节能减排量$$

计算得出国内 21 家主要银行节能环保及服务投资强度，2013 年 12 月为 19737.51 元/吨标准煤，2017 年 6 月为 30364.42 元/吨标准煤。由于国内 21 家主要银行绿色信贷统计数据汇总表未将节能项目单独列出，因此将节能环保及服务投资强度作为参考值。

根据目录中掌握的各项节能技术案例投资情况及预计未来几年投资

情况，计算各项节能技术的案例投资强度及预测投资强度，得出案例投资强度平均值约为 9000 元/吨标准煤，预测投资强度平均值约为 6000 元/吨标准煤，绿色信贷投资强度如图 4-1 所示。

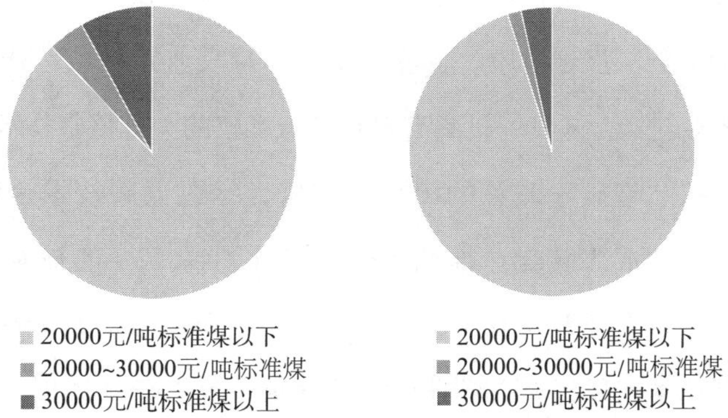

（a）目录中节能技术的案例投资强度

（b）目录中节能技术的预计投资强度

图 4-1 绿色信贷投资强度

2017 年 12 月，节能环保及服务贷款余额为 65312. 63 亿元，若全部投入目录中节能技术的应用，预计每年将产生 11 亿吨标准煤的节能量。

4. 3 绿色技术创新发展与成效现状

4. 3. 1 绿色技术科技创新发展的投入资金稳步增加

自党的十八大以来，我国科技经费投入继续保持增加态势。2021 年，全年研究与试验发展（R&D）经费投入 2. 8 万亿元，比 2020 年增加 14. 6%，增速比上年加快 4. 4 个百分点，占 GDP 的 2. 4%；已连续 6 年保持两位数增长，投入总量稳居世界第二位；近 5 年年均增速达 12. 3%，明显快于欧美等西方发达国家。美国 R&D 经费投入近 5 年年均增速约为7.8%，日本为1.0%，德国为3.5%。同时，各地区加大科技创新投入力度，如山东省2022年省级科技经费达到145亿元，比2021年再增长10%，集中投向重大关键共性技术攻关、重大原始创新、重大技术创新引导及产业化和重大创新平台项目等重点领域。重点围绕绿色低碳、生物安全、营养健康、智能装备、智慧农业等领域，开展前沿与交叉融合技术创新，开发一批具有自主知识产权的关键核心技术和产品。

随着国家“双碳”政策的出台和实施，绿色低碳技术企业越来越重视科技攻关和成果转化。据调查问卷统计，41.12%的被调研企业的绿色低碳技术研发经费占营业收入的比重超过5%，17.06%的被调研企业绿色低碳技术研发经费占营业收入的比重超过15%，体现了越来越多的技术企业开始重视科技攻关的重要性，不断增加相关研发费用投入。新能源汽车、风电光伏等新兴产业发展的社会投资增长快速。2021年，新能源汽车融资突破3500亿元，宁德时代、比亚迪、恒大汽车2021年融资总额分别为582亿元、266亿元和220亿元，蔚来、小鹏、宝能均在2021年完成了战略融资。蜂巢能源、华电福新发展、中创新航等新能源企业的融资额均超100亿元。

4.3.2 绿色低碳技术专利快速增长

我国科技创新产出成果较为丰硕。2021年，我国国内专利授权数达446.7万件，比上年增长26.9%，其中，发明专利授权58.6万件，增长33.0%。共发表科技论文203.4万篇，比上年增长4.2%。

根据WIPO 2020年发布的数据，中、日、韩三国的绿色专利申请量在2019年占全球申请量的比重高达70%，美国仅占不到15%。对比2013—2019年的绿色专利申请量，除韩国外，其他主要发达国家的年均申请量均出现2.1%~6.1%的下滑，而我国年均申请量增长率高达

18.7%，位居全球第一。

根据美国商业专利数据库（IFI Claims）的统计数据，按照“能源绿色低碳转型支撑技术，低碳零碳工业流程再造技术，城乡建设与交通低碳零碳技术，CCUS、碳汇与非二氧化碳温室气体减排技术，前沿和颠覆性低碳技术，低碳零碳技术示范应用，管理决策支撑技术体系”7个大类下的37个子类节点，通过专利检索路径检索专利信息，检索结果显示，国内有1816家单位拥有绿色低碳类技术，包括11587位绿色低碳技术科研人员，共拥有38894项专利，其中，发明专利29018项，实用新型专利9162项，PCT国际专利714项。

4.3.3 绿色低碳技术创新取得进展和成效

我国重视加强煤炭清洁高效利用、新能源开发利用、新能源汽车、零碳建筑、智慧能源、氢能开发利用、碳捕获与封存等领域的重大技术研发，一批重大前沿技术取得积极进展和成效。

煤炭清洁利用领域。自党的十八大以来，党中央高度重视煤炭清洁高效利用，煤电清洁高效利用技术创新发展。目前，我国已实现高参数、大容量超超临界燃煤机组自主研发和制造，主要参数达到世界先进水平，建成全球发电能效最高、在建单机容量最大的燃煤机组，供电煤耗最低降至260克标准煤/千瓦时以下。百万千瓦空冷发电机组、二次再热技术、大型循环流化床发电等技术均世界领先。2021年底，我国自主研发建造的国内首座大型二氧化碳循环发电试验机组完成72小时试运行，额定功率达到5000千瓦，是世界容量最大的超临界二氧化碳循环发电机组。随着先进煤电技术的推广应用，我国煤电结构不断优化，大容量、高参数、低排放的高效煤电机组比重持续提升。2021年，全国6000千瓦及以上火电厂供电煤耗为301.5克标准煤/千瓦时，较 2015 年下降 13.5 克标准煤/千瓦时，相当于 2021 年全年减少电煤消费 9500 万吨。据中国电力企业联合会统计，以 2005 年为基准年，2006 年至 2021 年通过供电煤耗降低减少二氧化碳排放约 89 亿吨，对电力部门碳减排贡献度达 41%，有效减缓了电力行业二氧化碳排放量的增长。

新能源开发利用领域。通过多年努力，我国新能源领域科技创新能力及产业技术水平得到跨越式提升。我国光伏产业技术水平全球领先，处于光伏产能制造业的前端，主要装备制造基本实现国产化。太阳能热发电核心技术知识产权产业链已形成，关键设备部件全部可国产。目前，我国已经形成了从工业硅、高纯硅材料、硅锭/硅棒/硅片、电池片/组件、逆变器、光伏辅材辅料、光伏生产设备到系统集成和光伏产品应用等全球最完整的产业链，并且在各主要环节均形成了一批世界级的龙头企业。我国光伏产业产能占全球光伏供应能力的 80%以上。

风电装备技术稳步提升，大型化风电机组研发、生产和应用正迎头赶上国际先进水平，关键部件约 95%以上实现本地化生产。随着全行业的产品升级迭代和技术进步不断推动核心竞争力的提升，我国风电场项目的平均造价大幅下降，风电与传统电源同台竞争的能力不断增强。贯穿风电场开发、建设、运营全过程的数字化平台和高级应用为项目成本控制、风险评估、经济性回报提供了有力支撑。降低风电项目千瓦时成本的重要途径是风机大型化，以及机组发电性能、可利用率、可靠性的持续提高。近年来，我国 3 兆瓦及以上容量机组在招标市场的份额逐渐扩大，在全国每年新增装机容量中的比例也快速增加。拥有 3 兆瓦及以上机组装机的企业数量也增加到数十家，这反映出大容量机组已经成为行业布局的重点。同时，风机全生命周期的运维服务、集中监控、发电量提升、资产托管等服务型产业也蓬勃发展。

工业领域。工业部门是碳减排难度最大的部门之一，其关键在于推动绿色技术攻关和推广应用。在钢铁行业，近年来积极推广应用了短流程电炉钢、节能和余热余能回收利用技术等系列措施。目前，我国1000立方米及以上高炉产能比“十二五”末提高6.5%，高炉利用系数、喷煤比等部分高炉技术经济指标均处于世界领先水平。转炉冶炼负能炼钢水平稳步提高，“一键炼钢+全自动出钢”等世界先进工艺技术得到推广应用。中国宝武钢铁集团、河北钢铁集团等企业的多项低碳冶金工艺技术得到实质性发展。在建材行业，关键技术包括水泥石灰石原料替代技术等得到推广应用。总体来看，我国水泥行业平均能耗落后国际先进水平7%。“十三五”时期，玻璃工业通过新建大型熔窑及采取各项节能降耗措施，行业能耗显著下降。2019年，玻璃产品平均综合能耗为11.9~12.5千克标准煤/重量箱，接近国际先进水平。在化工行业，关键技术包括化工副产物高效利用技术、合成氨/合成甲醇/石油化工加氢裂解工艺绿氢替代技术、生物基高分子材料替代化纤/塑料/橡胶等石化基材料技术等科研攻关和推广应用取得较大进展。

交通领域。我国交通运输用能今后一个时期还将保持刚性增长，绿色低碳技术推广应用成效显著。在公路运输方面，关键技术包括多能源动力系统集成技术、燃料电池关键技术等；在水运方面，关键技术包括船舶液化天然气（LNG）发动机技术、船舶油电混合动力技术、氨能和氢能燃料替代技术等；在铁路运输方面，关键技术包括高能效电气化铁路技术等；在航空运输方面，关键技术包括航空器电动化技术、生物质燃油和氢能等替代燃料技术等。

建筑领域。建筑领域持续推进绿色化、低碳化，一系列绿色低碳技术创新取得积极进展。在建造方面，包括钢结构、木结构装配式建造技术等；在电力消耗方面，包括建筑“光储直柔”相关技术、低碳供热/供暖技术等；在使用建材方面，包括高效保温隔热材料技术、高性能竹木建材技术、低碳水泥/新型胶凝材料技术等。建筑领域绿色低碳类技术的研发应用对建筑的节能降耗起到重要作用。

氢能技术领域。氢能技术主要包括氢气生产、储存、输送等技术。在生产环节，氢能技术主要有化石燃料制氢、副产气体制氢和电解水制氢三大类，其中，化石燃料制氢技术成熟、成本较低，但面临碳排放高、气体杂质含量高的困境；电解水制氢技术包括碱性电解水制氢、固体质子交换膜电解水制氢和固态氧化物电解水制氢，氢气纯度高、对环境友好，但制氢成本高。在储存环节，主要有压缩气态储氢、液氢、固体储氢和有机液体储氢材料技术。在输送环节，主要有高压气态输送、管道输氢和液态输氢技术。

碳捕获利用与封存领域。碳捕获利用与封存是指把排放的二氧化碳收集，进行提纯循环再利用或者封存的去碳技术。CCUS 主要包括二氧化碳捕集技术，地质、化工、生物和矿化等利用技术以及地质封存技术等。推动碳循环利用是实现碳中和的重要路径之一，世界各国在碳捕集、驱油、封存和利用等方面均取得了进展，但在商业化方面仍存在一定困难。我国 2017 年在陕西延长石油（集团）有限公司开展了延长石油 3.6×10^5 吨/年碳捕集、管输、驱油和封存一体化示范，2018 年开始施工建设华润电力（海丰）有限公司碳捕集测试平台、神华国华锦界电厂 1.5×10^5 吨/年碳捕集装置等。

4.4 绿色技术非市场化推广模式

4.4.1 政府补贴和政策"倒逼"的推广模式

政府在绿色经济的实行过程中起到主导、协调、规范的作用。比如，通过制定和实施各种经济、金融政策，对绿色生产经营在贷款融资、人才引进、税收减免等各方面给予政策扶持，引导与推动政府和民间资本转到节约资源、保护环境的新兴产业项目上。又如，完善绿色政绩考核指标体系，为更好地制定绿色经济相关政策提供有效支持。

绿色技术的经济价值包括三部分。一是内部价值，指绿色技术开发者或绿色产品生产者获得的价值。如绿色技术转让费，清洁生产设备、环保设备和绿色消费品在市场获得的高占有率等。二是直接外部价值，指绿色技术使用者和绿色产品消费者获得的效益。如用高炉余热回收装置减少能源消耗，用油污水分离装置清除水污染，食用绿色食品降低了人们因食品安全导致的发病率等。三是间接外部价值，指未使用绿色技术（产品）者获得的效益。这是所有社会成员均能获得的效益（如干净的水、清新的空气），也是绿色技术负载的最高经济价值。根据我国目前的国情来看，单纯依靠直接外部价值来推动绿色技术的市场化推广还很困难，政府的引导和协调必不可少。

财政补贴。正确的价格信号，是充分发挥市场在资源配置中决定性作用的必要条件。然而，长期以来，由于政府干预煤、石油、天然气等关键资源性产品的价格，使得价格不能反映资源的稀缺程度以及对生态环境的损害程度，导致资源消费过快和开采过度。偏低的资源税更是无法反映资源破坏和环境治理的成本。市场机制在资源配置中的基础性作用得不到有效发挥。

如何让市场机制发挥配置经济资源的决定性作用？环境保护部环境与经济政策研究中心研究员俞海认为，“十三五”时期，各级政府应当由过去的直接参与推动行业、企业的绿色增长，转向更多地为地方、部门和行业绿色增长创建制度与创新环境，运用约束和激励手段为“十三五”时期的绿色增长提供保障。

资源性产品价格改革，对企业和社会来说不是一个单纯的经济利益问题，对消费者来说也不是简单的价格问题。它涉及国民经济的健康发展和社会的和谐稳定。

绿色转型的国家战略为推进重要资源性产品的价格改革打下了坚实的基础。一方面，需要有序放开对重要资源性产品的价格管制，建立主要由市场供求关系决定的价格形成机制；另一方面，要不断调整完善资源税政策，通过税率的合理确定来充分反映资源的稀缺程度，并将环境损害成本内部化，形成不同资源之间更为合理的比价关系。

强制政策。强制政策是短时间内见效最快的推动企业进行绿色技术产品应用的方法。近几年，最典型的强制政策非环保相关政策莫属。一是制定和出台有关环境标准。我国现行的环境标准体系主要由国家标准、行业标准和地方标准构成。按标准的用途分为环境质量标准、污染物排放标准、污染控制技术标准、环境基础标准、环保方法标准、标准样品标准等。按污染介质和被污染对象分为水质控制标准、大气控制标准、噪声控制标准、废渣控制标准及土壤控制标准等。按照标准效力分为强制性标准和推荐性标准。凡是环境保护法规、条例办法和标准化方法规定的强制执行的标准为强制性标准，如污染物排放标准、环境方法标准、环境基础标准、环境标准物质标准等均属强制性标准；环境质量标准中的警戒性标准也属强制性标准，其他属推荐性标准①。污染物排放标准是我国环境标准体系最重要的组成部分。过去，污染物排放标准注重对排放浓度的控制。通常认为，只要严格执行污染物排放浓度标准，环境质量就应该达标，但事实上由于各地区污染源的数量、种类不同，污染物降解程度及环境自净能力也不同，即使排放浓度达标，环境

① 谢海燕．建立环保倒逼机制促进经济发展方式转变［J］．中国经贸导刊，2011（22）：55-57.

质量也不一定能达到要求。为解决此矛盾，国家从“十一五”规划开始提出了污染物总量控制指标，包括二氧化硫排放量、化学需氧量排放量、氨氮排放量、氮氧化物排放量等。目前，主要污染物总量约束性指标与排放浓度标准已成为有关部门和地方政府进行环境管理，促进产业结构升级的重要依据。二是以环境标准为基础，开展环境行政执法活动。以污染物排放浓度标准及总量控制指标为基础和依据，国家有关部门加大了环境行政执法的力度，以控制环境污染。这些手段既有行政命令型手段，也有市场手段；既有以污染物排放浓度标准为基础的调控手段，也有以总量控制指标为基础的调控手段。建立了排污收费制度，实行排污即收费与超标收费并存的方式，对污水、废气、固体废物及危险废物征收排污费，对噪声征收超标排污费。积极进行末端治理，加大水污染和大气污染防治力度。为了完成节能减排目标，各地加大了对重点流域水污染防治力度，加快污水处理厂建设步伐；加强了大气污染治理，对火电厂进行大规模脱硫改造等。把关停淘汰落后产能、促进产业结构升级，作为环保“倒逼”的主要手段。对环保不合格的企业采取拉闸限电、拆除设备、封存原料、封门关停等措施。在环保政策的重压下，企业自觉从自身找原因，通过加快高新技术研发步伐、增加工程建设投入、强化废物循环利用等方式，发展生态产业，促进产业升级。污染物末端治理和淘汰落后产能均是针对已有项目（企业、产业），而对于新建项目，各地综合运用环境影响评价、区域限批、流域限批等手段，严把新建项目准入关，成为促进企业发展循环经济、节约资源、减少污染物产生量和排放量的强大动力。三是依靠司法手段，惩处环境违法行为。环境司法是环境保护不可或缺的重要手段。严格执法，依靠司法对环保违法行为进行惩处整治，增加环保违法成本，可以促使企业治理污染，循环利用资源，减少排放。自 20 世纪 90 年代以来，我国的环境立法发展迅速。在资源和生态保护方面，相继出台了土地管理法、矿产资源管理法、水法、煤炭法、水土保持法等；在资源节约与循环利用方面，出台了清洁生产促进法、循环经济促进法；在防灾减灾方面，制定了防震减灾法、防洪法和气象法等；在污染防治方面，先后制定了大气污染防治法、水污染防治法、环境噪声污染防治法、固体废物污染环境防治法等。据统计，我国已经制定了 8 部环境保护法律、15 部自然资源法律，颁布了环境保护行政法规 50 余项、部门规章和规范性文件近 200 件、军队环保法规和规章 10 余项、国家环境标准 800 多项，批准和签署多边国际环境条约 51 项，各地方人大和政府制定的地方性环境法规与地方政府规章共 1600 余项，初步形成了适应市场经济的环境法律和标准体系。在环境保护执法方面，我们已经建立了一套符合国情的制度，如土地利用规划制度、环境影响评价制度、“三同时”制度、许可证制度、征收排污费制度等。作为环境保护的主管机关，各级政府的环保机构在当前的地方经济和社会发展中发挥着越来越重要的作用①。

引导性政策。推动绿色发展，根本在于绿色技术。绿色技术是与生态环境相适应的新型现代技术。建立市场导向的绿色技术创新体系，政府要重视并积极制定政策，优化创新资源配置和技术推广应用，建立健全各种引导性、约束性和规范性规定及准则，为绿色技术的发展应用提供政策支持和环境保障。

4.4.2 以行业协会为主的推广模式

行业协会代表本行业全体企业的共同利益，是政府与企业之间的桥

① 谢海燕．建立环保倒逼机制促进经济发展方式转变［J］．中国经贸导刊，2011（22）：55-57.

梁，为本行业提供信息服务、教育与培训服务、咨询服务，举办展览，组织会议等。

在市场竞争中，行业协会在保护本行业从业者、支持企业增强竞争力方面，起着重要的协调作用。一是维护会员利益。全面了解行业详细可靠的情况和数据，预测对本地本行业的影响或可能产生的影响或不利的趋势等。这些预测需要有翔实的数据资料。显然，这些工作不可能由一个或几个厂商来完成；这些工作也不能仅靠政府有关部门来完成。正是由于单个企业和政府管理部门的作用受到限制，行业协会才能扮演重要角色。二是保护会员和本行业利益。行业协会代表绝大多数会员和从业者的利益，而政府或单个企业则很难代表。因为这是整个行业面临的问题，只有行业协会才能通过调查统计，了解掌握充分证据。这些资料的提供都需要行业协会组织有关企业共同努力才能完成。三是帮助企业应对面临的共同问题。在开拓市场时，由行业协会出面协商，在自愿的基础上组织企业互惠互利的合作活动。

行业政策支持推广模式。行业协会承担着为本行业提供咨询服务的职责，是联系企业与政府的纽带。行业协会为企业提供本行业相关政策法规、行业资讯等信息咨询服务。与常规项目不同，绿色技术企业在技术项目落地过程中没有既有的标准、规范来作为评定标准，这样企业就会“有苦说不出”。这时，行业协会对于技术的推广就发挥了作用，根据行业内技术的需要，行业协会可制定相关政策或标准来有效保障企业的利益。

行业内推广交流会推广模式。组织召开绿色技术推介和交流会。利用行业优势常态化开展绿色技术、产品推介和交流会，为企业搭建绿色技术信息交流与共享的合作平台。

技术评选评奖示范推广模式。行业协会要致力于本行业的健康良性发展，规范行业内部的竞争行为，规划行业发展，提升行业竞争力，维护本行业的企业利益。在行业内进行先进技术的评选评奖、技术产品认证等活动，一方面引领整个行业内的技术，调动了企业的积极性；另一方面为这些入选企业做了强有力的宣传。

4.4.3 金融机构推动的推广模式

绿色金融在协同推进绿色发展中起到的作用不容忽视。党的十九大报告为进一步激活绿色经济提供了明晰思路，要加快建立绿色生产和消费的法律制度与政策导向，建立健全绿色低碳循环发展的经济体系。构建市场导向的绿色技术研发和推广应用体系，壮大节能环保产业、清洁生产产业、清洁能源产业规模，积极发展绿色金融，助力绿色技术创新发展。技术创新和绿色金融正在成为撬动绿色经济的两大支点，各项配套政策支持体系初步成形，并进入密集落地期，下一步或将加快出台更多细化措施。在政策和资金的引导下，以节能环保、清洁生产、清洁能源、循环经济等为代表的绿色产业将成为各地投资重点和热点。绿色金融是支持环境改善、应对气候变化和使资源节约高效利用相关经济活动的金融服务工具。在《关于构建绿色金融体系的指导意见》中，绿色债券是指金融机构法人依法发行的、募集资金用于支持绿色产业并按约定还本付息的有价证券。中国人民银行和国家发展改革委先后在《绿色债券支持项目目录》和《绿色债券评估认证行为指引（暂行）》中规定了绿色债券的使用项目范围界定标准。当前，在政策与市场的共同作用下，绿色金融体系建设逐渐深化，绿色金融产品逐渐丰富，绿色金融衍生品也逐步推出，市场参与主体更加多元化。

绿色技术银行，是在全球范围内专业从事绿色技术评估、收储、增值、转移转化并提供金融整体解决方案的科技金融创新组织。它综合运用各种金融工具和服务方式，提供“技术+资金+人才”的一揽子服务，促进绿色技术转移转化，推进绿色技术的应用示范、标准制定和专利保护，进而推进绿色产业的发展，从而引领全球经济绿色、环保、可持续发展。

据了解，建设绿色技术银行，加快绿色技术国际转移转化，是落实联合国《2030年可持续发展议程》和《巴黎协定》的重大举措。2016年9月，科技部和上海市政府在北京召开建设绿色技术银行部市专题会商会议，明确上海开展先行先试，“绿色技术银行”正式进入建设阶段。

2021年，中国人民银行创设推出碳减排支持工具这一结构性货币政策工具，支持清洁能源、节能环保、碳减排技术等重点领域的发展，撬动更多社会资金促进碳减排。中国人民银行通过碳减排支持工具向金融机构提供低成本资金，引导金融机构在自主决策、自担风险的前提下，向碳减排重点领域内的各类企业一视同仁地提供碳减排贷款，贷款利率应与同期限档次贷款市场报价利率（LPR）大致持平。碳减排支持工具发放对象暂定为全国性金融机构，中国人民银行通过“先贷后借”的直达机制，对金融机构向碳减排重点领域内相关企业发放符合条件的碳减排贷款，按贷款本金的60%提供资金支持，利率为1.75%。截至2023年3月，碳减排支持工具已经发放了3000多亿元再贷款，支持商业银行发放了5000多亿元贷款，2022年带动减少碳排放1亿吨二氧化碳当量。

4.5 绿色技术市场化推广模式

4.5.1 以企业为主的绿色技术推广模式

企业是绿色技术推广的主体，绿色技术的推广首要考虑的是投入与产出比值。绿色技术企业往往是一些中小微企业，其绿色技术的市场推广状况直接关系着企业的未来。企业发展过程由利益引导，只有技术落地、项目实施才能为企业带来真正收益。企业的运营，甚至技术的研发都离不开技术的市场推广。在绿色技术推广过程中，企业会主动花费一定的成本，成立专业的市场推广部门，安排专业人员进行技术的推广。

以企业为主的绿色技术推广模式，主要有两大抓手：一是它带来的直接价值，即绿色技术使用者和绿色产品消费者获得的效益，如绿色技术降低用户的生产成本，尤其对于一些能耗成本较高的企业，其进行节能技改的动力会很强；二是政府政策等强制规定，这在环境保护、清洁生产、循环利用等方面的技术上表现得尤为突出。

市场推广人员直接推广模式。市场推广人员是企业推广绿色技术的主力军，市场推广人员对于企业自身的技术情况有一定的了解，同时积累了一定的人脉，在技术推广过程中是不可或缺的角色之一，对客户及潜在客户的挖掘有赖于他们的能力与水平，他们往往掌握着最前沿的绿色技术市场现状，包括推广的阻力和关键等。

绿色技术大多是一些新兴的技术，一般很难被大众熟知，甚至可能很多人并不了解绿色技术的应用，这就给绿色技术的推广带来很多不便之处，因此市场推广人员就发挥这一重要作用，直接向目标客户进行一对一的介绍，不仅仅让客户有绿色技术的概念，更重要的是将企业的绿色技术推广出去。

客户相互介绍推广模式。由于很多绿色技术有特定的应用场景，且同类技术的竞争对手很少，各企业之间往往彼此熟知。在这种特有的情况下，绿色技术企业通过同业伙伴介绍来开发新客户的方式不失为一种高效的推广模式。

很多绿色技术不是单纯的一种产品，它无法像普通商品那样，可以直接进行交易买卖。绿色技术真正的落地应用，需要结合对象实际状况来量身定制。对于客户而言，他们可能更加关注竞争伙伴的动向，因此同行业伙伴的先行示范效应，会有力地推动绿色技术的推广。

广告等媒体宣传推广模式。近些年，国内新兴了很多绿色技术，这些绿色技术都是非通用性的，具有一定市场局限性，这对企业的市场推广负责人来说既是机遇又是挑战，一方面，这一特点给出了明确的方向，有利于其迅速找到潜在客户；另一方面，为新市场的开拓增加了困难。因此，如何为自己的技术找到一种行之有效的方式从而被社会知晓或认可，如何让客户主动找上门来，是企业一直被困扰的问题。广告等媒体宣传推广模式往往是很多绿色技术企业的选择。通过持续不断的宣传和推广来树立企业形象、形成品牌效应。

4.5.2　依托合同能源管理机制的节能技术推广模式

合同能源管理（Energy Performance Contracting，EPC）是节能服务公司（Energy Service Company，ESCO）通过与企业签订能源管理合同，为企业提供综合性的节能服务，帮助企业节能降耗，并与企业分享节能效益，以此取得节能服务报酬和合理利润的一种商业运作模式。在实践中，合同能源管理主要有 3 种商务模式：节能效益分享型、能源费用托管型和节能量保证型。合同能源管理是 20 世纪 70 年代石油危机时期在美国率先兴起的，随后被引入欧盟和日本，90 年代被引入一些发展中国家。EPC 模式作为一种市场化的节能技术推广模式，具有技术和服务专业、客户零投资、实现节能降本增效、改善现金流、提升竞争力等诸多优势，在全球范围内得到了广泛的推广。

1998 年，中国政府与世界银行和全球环境基金签订合作协议，推行“中国节能促进项目”，该项目提供资金支持，在北京、山东、辽宁三地建立节能服务公司，标志着合同能源管理正式被引入中国。2010年，国家发展改革委发布《关于加快推行合同能源管理促进节能服务产业发展意见》并联合财政部发布《合同能源管理项目财政奖励资金管理暂行办法》，这两个文件指出，中央财政安排20亿元支持推行合同能源管理，实施节能效益分享型EPC项目的节能服务企业，可享受企业所得税“三免三减半”优惠政策，加速了合同能源管理在各行业的应用，已有3000多家节能服务公司通过了国家发展改革委的备案。

为满足不同的客户需求，合同能源管理有3种模式：节能效益分享型、节能量保证型和能源费用托管型。

节能效益分享型指客户和节能服务公司双方共同分享节能效益（见图4-2）。前期节能改造工程的投入按照节能服务公司与客户的约定共同承担或由节能服务公司单独承担。建设施工完成后，双方共同确认节能量后按合同约定比例分享节能效益。合同结束后，节能设备所有权无偿移交给客户，以后所产生的节能收益全归客户所有。此种模式是最常见的合同能源管理模式。

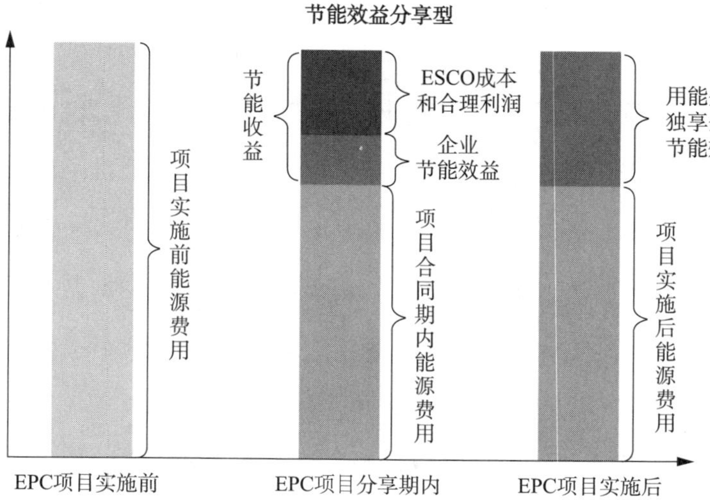

图4-2　合同能源管理节能效益分享型

节能量保证型是指客户负责前期投资，节能服务公司向客户提供节能服务并承诺保证节能效益。实施完毕后，经双方确认达到承诺的节能效益，客户一次性或分次向节能服务公司支付服务费；如果达不到承诺的节能效益，差额部分就由节能服务公司向客户支付。节能量保证型合同能源管理适用于实施周期短、能够快速实现节能效益的节能。

能源费用托管型是指客户委托节能服务公司出资进行能源系统的节能改造和运行管理，并按照双方约定将该能源系统的历史能源费用交给节能服务公司管理，系统节约的能源费用归节能服务公司。合同结束后，节能公司改造的节能设备无偿移交给客户使用，以后产生的节能收益全部归客户所有。如空压机设备商全权负责空压站建设，用户和设备商签约年固定用气量并按市场用气均价计算，空压机设备商从设备节能量中赚取利润，成本回收期一般为 3 年，寿命期约为 10 年，到期后设备由用户支配。

5

国际绿色技术市场推广的经验和启示

5.1 美国绿色技术推广经验

美国是世界上能源生产和消费最多的国家。在全球能源危机的大背景下，美国对能源安全的重视提升到了前所未有的高度，同时非常重视提高能源利用效率和经济效益对国民经济发展的促进作用，把节能工作置于首要的战略性地位。通过颁布节能政策法规、制定节能措施、完善节能标准，加强节能规划、协调和扶持，使节能工作取得了明显的成效。

（1）完备的法律法规体系。

在美国能源政策中，能源效率问题一直处于核心地位。从 20 世纪 70 年代起，美国联邦政府和各州政府相继制定与推行节能法规。1975 年美国政府发布的《能源政策与节能法案》规定了家用电器主要产品效能的原则性指标和节能标志，1976 年发布了《国家节能与政策法案》，1979 年颁布了《紧急能源节约法》，1987 年颁布的《国家电器节能法案》对 13 类家用电器产品提出了明确的能效指标和有效期，1992 年美国国会通过了《节能政策法案》，2005 年颁行了新的《能源政策法案》，2007 年颁布了《能源独立与安全法案》，2008 年颁布了《能效提升与扩展法案》，2009 年颁布了《美国复苏与再投资法案》。2022 年 8 月，美国颁布了《通胀削减法案》（IRA），提出了两项刺激政策：一是太阳能投资税收抵免政策（ITC）延长 10 年；二是在 2022 年至 2029 年为光伏制造产业链提供补贴。

其中，2005 年的《能源政策法案》是一次广泛、深入和全新的联邦立法，是美国能源法中最重要的法案之一，从中可以看出，美国政府促进节能的原则是最大限度地发挥市场机制作用。具体来讲，有以下四个方面的内容。

第一，政府机构的指导与示范作用。该法案将促进能效规定为政府机构的法律义务并对此提出了明确、具体的要求。不管是联邦建筑还是政府采购，抑或是公屋均纳入能效管理的框架。为了帮助节能产品扩大市场份额，美国政府还制定了《政府节能采购指南》。在促进能源效率提高过程中，政府除了制定法规、监督法律法规执行外，也是一个当事者，兼具了执行者和被执行者的双重身份。

第二，税收优惠与资金支持。为了鼓励电力公司实施节能措施，美国政府规定，从 1993 年开始，电力公司向居民用户提供的用于安装节能设施的费用可免税。为了鼓励国民更多地使用公共交通设施，减少使用私人车辆，从总体上提高交通运输的能源效率，美国政府鼓励雇主为使用公共设施的雇员提供房屋维修资助，通过改善房屋隔热性能，减少热损失等提高能源使用效率。能源部提供的资金用于项目谈判、技术评估、项目管理、信息交流、宣传培训等。

第三，制定能源效率标准。美国颁布与实施的能源效率标准分为强制性和自愿性两类。在全国范围内实施的强制性标准需要经过国会讨论和批准，具有法律效力，生产和销售达不到这些标准的产品将被追究法律责任。若自愿性标准由企业界和公众认可，则考虑将自愿性标准改为强制性标准。政府在制定能效标准时极为慎重。该法案中确立了“能源之星”计划、能效标识制度来帮助与引导消费者购买能效产品，尤其是用大量的课税扣减规定激励对标准的超越。

第四，技术开发、推广与应用。美国政府特别强调对未来市场潜力巨大、近期效益尚不明显的基础科学进行研究和对已经初步具备技术、经济可行性，需要实现市场化的科技进行开发。美国政府支持节能领域的基础科学研究和应用科学研究。在选择具体科研领域和项目时，通常由美国能源部与企业界、科技界及其他相关部门进行合作调研，先确定企业和市场在节能方面面临的问题与未来发展趋势，然后再根据政府的能源战略和政策，考虑企业、社会的共同需要及企业、社会和政府提供支持的能力，选择科研方向和项目，决定各方的支持方式和比例①。

（2）健全的管理体系。

美国的节能管理体系健全，在能效领域形成了一套包括联邦政府、州政府和非政府部门在内的完整的能效管理机构。联邦政府管理部门负责全国的能效政策和管理工作。州政府设立了能源工作委员会及其他相应部门，负责全国能效政策的实施及管理州政府的能效工作。非政府部门则是沟通政府部门和市场的纽带与桥梁，在美国的节能工作中起着非常重要的作用。它们既帮助政府制定相关的能效标准标识和激励政策，也在能源政策和节能标准的实施过程中发挥着重要作用，同时还在节能政策和产品宣传及提高人们的节能意识方面做了大量工作（见表 5-1）。

美国能源部（DOE）是美国最主要的能源政策制定及节能管理部门。提高能源效率和节约能源是能源部的一项重点工作。在产品能效方面，美国能源部负责制定用能产品的强制性节能标准和测试程序。能源效率与可再生能源局（EERE）是美国能源部下负责能源效率和可再生

① 李志英．美国能源效率与节能法及对我国的启示［J］．知识经济，2010（17）：30-31.

能源的重要部门，其下的“建筑绿色技术计划”中的“电器与商用设备标准计划”，负责住宅电器和商用设备的联邦强制性测试程序与最低能效标准的制修订及相关管理工作。

美国环保署（EPA）负责制定与实施水、空气和废物利用的全国性政策。在产品能效方面，它主要与能源部联合负责“能源之星”计划的实施及其能效规范的制订与修订。

美国联邦贸易委员会（FTC）主要负责强制性产品能效标签“Energy Guide”的管理工作，并评估《电器标签规则》（*Appliance Labeling Rule*）成效，看这项规定是否有可以改善的地方。

加州能源委员会（CEC）创建于1974年，是加州最主要的能源政策与规划机构，其主要职责之一为通过制定与实施建筑和电器节能标准和标识体系来推动加州的节能工作。CEC组织制定的建筑和电器节能标准和标识体系是美国最严格的标准，为加州的家庭和商业机构节省了560亿美元的成本。在过去30年，与美国其他地区能源消耗增长40%相比，加州的人均用电量保持不变，并于2009年被美国能效经济委员会（ACEEE）评为美国能效最高的州。

加州公共事业委员会（CPUC）的主要职能包括：实施能源效率项目，并充分考虑扶持弱势群体；监督非法的市场行为，协调管理用户和厂家关于能耗产品性能方面的纠纷；监督能耗产品厂家的合并和重组工作，确保加州节能环保方面的政策能够得到充分实施。为了推动加州的节能工作，加州公共事业委员会推出了公益专项基金（PGC），主要用于支持能源效率、可再生能源、新技术的研究开发及示范、扶持弱势群体。

美国能效经济委员会（ACEEE）成立于1980年，是一个非政府的节能促进部门。其主要目标是帮助制定、实施及评价美国的能源政策，提高能源效率。其主要职能包括：深入的技术及政策评估，与商家、公众及其他机构合作推动节能，组织相关会议，出版发行节能领域的书籍、会议论文集和报告，对消费者和厂商进行节能教育及培训。其节能活动的主要领域为电器节能。

美国自然资源保护委员会（NRDC）成立于1970年。NRDC的主要职责是保护地球及地球上的人类和动植物，为其提供更加良好的生态环境。帮助节能产品、设备的市场转换是NRDC的一项主要工作，推动节能的途径是通过支持强制性最低节能标准与自愿性的能效标准和标识的实施。

加州劳伦斯伯克利国家实验室（LBNL）是由美国能源部出资与加州伯克利大学合建的国家实验室，由能源系统、能源经济、能源效率、绿色技术的科学家、专家及学者组成。实验室的主要研究领域是能源系统分析、建筑绿色技术及节能标准标识。LBNL在产品能效方面开展的主要工作包括：帮助制定加州及联邦的节能标准、标识体系，评价能效标准及能源政策的实施效果，帮助检测相关能耗产品的能效标准，开发新的绿色技术及节能产品，开展国际节能项目合作等。

美国节能管理体系见表5-1。

表5-1　美国节能管理体系

部门	重点工作	职责	法规与计划
美国能源部（DOE）	提高能源效率和节约能源	负责制定用能产品的强制性节能标准［相当于最低能源性能标准（MEPS）］和测试程序	“建筑绿色技术计划”中的“电器与商用设备标准计划”
美国环保署（EPA）	制定与实施水、空气和废物利用的全国性政策	主要与能源部联合负责“能源之星”计划的实施及其能效规范的制订、修订	“能源之星”计划

续表

部门	重点工作	职责	法规与计划
美国联邦贸易委员会（FTC）	主要负责强制性产品能效标签“Energy Guide”的管理工作，并评估《电器标签规则》成效		—
加州能源委员会（CEC）	主要职责之一为通过制定与实施建筑和电器节能标准和标识体系来推动加州的节能工作		建筑和电器节能标准和标识体系
加州公共事业委员会（CPUC）	开展能效项目，监督与协调管理非法的市场行为、市场纠纷，监督能耗产品厂家合并和重组工作等，推进加州节能环保方面的政策实施		PGC
美国能效经济委员会（ACEEE）	主要是帮助制定、实施及评价美国的能源政策，提高能源效率，主要领域为电器节能	评估绿色技术及相关政策，积极推动节能工作，举办能效相关会议，节能领域书籍、会议论文集和报告出版发行，开展教育培训	—
美国自然资源保护委员会（NRDC）	帮助节能产品、设备的市场转换	保护地球及地球上的人类和动植物，为其提供更加良好的生态环境	—
加州劳伦斯伯克利国家实验室（LBNL）	协助制定节能标准、标识体系，开展能效标准及能源政策实施效果评价，开展能效标准检测，绿色技术及节能产品研发和推广应用，开展国际节能项目合作等		—

（3）与时俱进的政策制度。

政府通过制定节能政策，包括限制性政策（如最低能效标准）及鼓励性政策（如“能源之星”标识及相关财政激励机制），为节能工作的开展提供良好的政策环境，同时在节能工作中发挥监督、协调、引导和服务的作用。节能虽然从根本上有益于社会各群体，但提高能效所增加的节能成本往往成为推动节能工作的主要障碍。在美国，企业是否需要符合“能源之星”等自愿性的能效标准和标识的要求，是否需要新的绿色技术或工艺，主要根据自身利益来决定。同样地，由于节能产品的价格往往高于一般的同类产品，消费者是否购买“能源之星”标识产品或LED等高效节能产品也会出于自身利益去做购买决策。

第一，财税激励。为了使美国的节能和可再生能源技术居于世界领先地位，美国政府十分重视节能和可再生能源技术的研发，每年研发费用达30亿美元（此为经常性的财政预算支出，包括税收抵扣费用，但个别年份为可再生能源和节能所增加的临时性财政预算未全部计入）。在许多国家，由于片面强调基础研发，忽视生产工艺研究工作，导致基础研究与产业建设相脱节，科技成果难以最终转化为生产力。而美国政府按照节能和可再生能源技术的成熟程度，对技术研发项目给予持续的资金补助，以降低私人企业投资的风险。在项目最初的可行性研究阶段，美国政府一般给予100%的资金补助；在基础研发和工业性试验阶段，由于所需资金数量较大，产品的市场前景不明朗，资金补助的比例仍然维持在50%~80%的高水平；即使在生产工艺研究和产品定型阶段，为有效降低技术研发投资的风险，补助比例一般也不低于50%。这种做法有效保障了技术研发的持续性，形成了较为充足的新技术和新产品储备①。

美国联邦政府制定了许多经济激励政策，降低节能产品以及相关服务的成本和价格，培育和扩大节能的市场需求，促进绿色技术的推广应用和产业发展。美国《能源税收法》规定了关于节能产品生产抵税和生产补助两项优惠。如达到房屋建筑标准的开发商，可以享受税收抵扣政策等。

为了配合美国联邦政府节能法律法规的贯彻和实施，美国一些州政府也出台了相关的地方性法规，以促进本地区绿色技术的发展。系统效

① 周篁．美国可再生能源和节能情况考察［J］．中国能源，2006（12）：15-19.

益收费是州政府支持绿色技术发展的一项重要措施。所谓系统效益收费，是根据电力系统效益（电力收入）加收一定的费用，由此筹集的资金。其主要通过电力装机容量定额补助、电费补贴或低息贷款等形式，对节能和可再生能源等技术研发、产业建设、市场推广以及宣传教育和低收入家庭的补助等提供资助。

第二，能效标准与标识。美国能源部指出，提高能源效率是最快且最有效节省开支的方法之一。能效标准不仅可以减少温室气体的排放，还有助于促进美国经济的发展。通过与工业和能效机构的合作，美国能源部不断推行一些实用的标准来节省民众和企业数以十亿美元计的开支，这也进一步保障了美国的国家能源安全。目前，美国能源部已对超过 50 个家庭和商用产品制定了新的能源效率标准，包括洗碗机、冰箱和热水器等。所有新标准的执行预计到 2030 年，可以为用户节约 4500 亿美元并减少超过 18 亿吨的温室气体排放。

能源指南能效标识（Energy Guide）是美国强制标识。该标识规定始于 1975 年的《能源政策与节约法案》（EPCA），并于 1980 年 5 月开始实施。1980 年，美国联邦贸易委员会颁布了《电器标签规定》，要求大多数家用电器制造商在电器上加贴“Energy Guide”标签，给出产品能源消耗或能源效率的估计值，以帮助消费者比较后购买高能效电器。

法律授权美国联邦贸易委员会负责建立能效标识制度，美国能源部负责制定能源效率目标，即最低能源效率标准。对以家电为主的电器产品实行强制性的能效标识制度。通过“Energy Guide”能效标识的推广应用，一方面，相关认证机构通过节能产品认证将不符合最低能效标准的能耗产品淘汰出局；另一方面，消费者通过能耗产品上的能效标识自愿选购高能效产品，低能效的产品也被消费者逐步否定。因此，最终形成了能耗产品市场准入两道关卡，有效保障了进入民用和商用的耗能产品的能源使用效率。

第三，“能源之星”计划。“能源之星”计划是美国能源部和美国环保署联合推出的通过选购高能效产品与建筑从而节省能源费用及保护环境的一项重要节能环保计划。一般来说，“能源之星”产品为市场上能效在前25%的产品，通常比美国联邦标准还要节能20%～30%。仅2009年，“能源之星”便为美国节省了将近170亿美元的电费，相当于减少了3000万辆汽车的温室气体排放量。

“能源之星”计划虽为自愿性要求，但在节能管理与能效标准方面，是全球影响最广泛的认证计划，目前已被加拿大、日本、欧盟、澳大利亚等诸多国家（地区）引进。如今，“能源之星”已成为能源相关产品节能和能源效率的标杆，在欧盟制定的ErP/EuP指令的实施措施或其他国家制定的能效法规及标准中，都是主要的参考之一。贴上了“能源之星”标签的产品，就标志着它已经获得了美国DOE和EPA认可的能耗指标，消费者主要依据该标签来选购节能产品，同时，依据联邦政令，还可获得政府的优先采购。

目前，“能源之星”计划涵盖的产品有60多种，范围从家用电子产品、暖通空调（HAC）、办公设备、照明产品，到商用设备、商用食品服务设备等。

（4）经验借鉴。

在明确功能的基础上，共同发挥政府、市场和第三方的力量，服务于绿色技术推广工作，这是美国推动绿色技术推广的核心理念所在，也是最值得中国参考借鉴的地方。

5.2 欧盟绿色技术推广经验

（1）独特的立法体系。

欧盟是一个超国家组织，既有国际组织的属性，又有某些联邦的特征。因此，欧盟形成了一套具有自身特点的立法体系，其中指令便是其特有的立法形式。指令对成员国在一定期限内必须达到的结果和目标进行了限定，但采取何种形式及何种方法将其转化为自己国内的法律，则由各成员国根据本国具体情况自行决定。指令这种方式比较灵活，弥补了因欧盟成员国法律体系、立法形式不同而引起的不足。因此，在节能立法中，欧盟广泛使用指令形式（见表5-2）①。

第一，能源终端利用效率和能源服务指令。欧盟非常关注能源终端使用阶段的效率以及能源服务情况。2006 年 4 月 5 日，欧盟通过了《能源终端利用效率和能源服务指令》（2006/32/EC），规定在该指令生效的 9 年内，所有成员国应通过能源服务和其他节能措施达到 9%的节能目标。包括英国、德国、法国、意大利等在内的成员国都应在 2008 年 5 月 17 日前完成本指令的国内立法转换。该指令的目的是通过各种机制和激励措施来提高各成员国的能源利用效率，并发展和扩大能源服务市场。

第二，热电联产指令。热电联产是欧盟工业领域节能潜力较大的部分，2002 年出台的《热电联产指令》主要是为了利用热电厂的设备与其发电过程降低能耗、提高能效，达到节能和应对气候变化的目的。随着热电联产的发展与推广，欧盟于 2004 年颁布了《关于在内部能源市场促

① 柳娟．欧盟节能法律制度研究［D］．北京：华北电力大学，2010.

进热电联产以及对指令 92/42/EC 的修订》（2004/8/EC），进一步促进了工商业部门提高能源利用效率。该指令特别指出，来自热电联产的电力将同可再生能源发电一样，各电网运营商必须为其联网提供接入服务。

第三，能源效率指令。2012 年 11 月底，欧盟在官方公报上公布了新的能源效率指令（2012/27/EU），取代了推广热电联产指令（2004/8/EC）以及《能源终端利用效率和能源服务指令》（2006/32/EC）。该指令建立了一个在欧盟范围内提高能源效率的共同框架，以确保欧盟达到 2020 年能源效率提高 20%的终极目标，并为 2020 年后进一步提高能源效率铺平道路。

该指令指出各成员国应制定相关措施，以便在能源产业链的各个阶段（从能量的转化及其配送到它的最终消耗）更有效地使用能源。这些措施包括制定能源效率的义务制度、公共部门发挥示范作用，以及消费者获得有关能源消耗确切信息的权利。其主要措施包括：制定能源效率义务制度，确保能源分销商和/或指定的零售能源销售公司为达到累计能源终端使用节约目标的责任方；国家住宅和商用建筑（包括公共和私人的）的翻修；公共机构采购高效率的产品、服务、建筑；能源分销商和零售能源销售公司减少每年销售给最终客户能源的义务；促进为最终客户提供成本效益的能源审计；反映最终客户实际能源消耗的个人电表的条款；为消费者提供获取清晰、精确计量的收费信息的途径；提高供暖和制冷系统的效率；保证高效的能量转换、传输和配送。

第四，能耗产品生态设计要求指令。《能耗产品生态设计要求指令》于 2005 年 7 月经欧盟议会和欧盟理事会通过。该指令的目的在于通过制定一个具有连贯性的综合法律框架来规定耗能产品的生态设计要求，以确保耗能产品在欧盟范围内自由流通；通过提高这些产品的能效，保护环境；保障能源供应安全并提高欧盟经济的竞争力；维护行业和消费者利益。欧盟认为，约80%以上的与产品相关的环境影响因素在产品设计阶段就已确定，因此，尽早地将环境考虑因素整合到产品设计阶段是提高和改进产品生态性能最为有效的方法。

该指令还规定了相关惩罚措施，惩罚对象主要是耗能产品的制造商、代理商或设计者。其中，禁止不符合规定的产品在成员国国内市场上销售是比较严厉的措施之一。在责任方面，该指令还规定了产品不合格时的召回制度，即在能耗产品持续不符合规定标准的情况下，要求成员国从市场中撤回该产品①。

第五，建筑节能指令。欧盟是当今世界仅次于美国的能源消耗大户，其中，建筑能耗占有相当大的比重。近年来，欧洲议会和欧盟理事会陆续颁布了有关建筑节能的一些指令，从建筑节能诸方面制定了具体政策与对策，建立了建筑节能相关的制度体系。

此外，欧盟还出台了建筑物能源证书制度，政府对所有建筑物都按每平方米耗能情况进行登记，并制作成证书。法律规定业主出租或出售住宅，必须同时出具此证书。

第六，交通节能指令。交通运输用能占整个欧盟能源消费的30%，其中，能源消耗的98%是化石燃料，欧盟将交通运输业作为节能的重点领域之一。目前，欧盟在此方面颁布的指令主要有：2009 年 4 月欧盟议会通过的《推进清洁和节能的交通运输车辆》，2003 年通过的《促进交通工具使用生物质能或可再生能源》《轮胎标签》 等。

第七，能源标签制度。能源标签制度是通过耗能产品的耗能信息或高能效标识方式，为消费者提供产品能源信息。根据欧盟理事会 1992 年 9 月 22 日提出的关于家用电器能源和其他资源消耗的标签及标准产

---

① 柳娟．欧盟节能法律制度研究［D］．北京：华北电力大学，2010.

品信息显示的指令（92/75/EEC），各欧盟成员国对电冰箱、空调、洗衣机等八大类家用电器产品实行强制性能源比较标识制度，销售这些产品时必须附有标签，为消费者提供有关产品能耗、运行成本、能效或其他重要特性等方面的信息。消费者在做出购买决定时，可将能效与价格、可靠性、便携性和其他特性一同考虑进去，并且可与相似产品的能耗性能进行比较，引导消费者购买高能效产品。

欧盟通过实施能效标识制度，已经取得了可观的经济效益。通过市场效果的评估发现，在欧洲销售的冷藏箱和冷冻箱累计能量消耗比未作标识前降低了16%~21%①。据计算，2000年节电量达到85亿千瓦时，到2020年将达到350亿千瓦时，这相当于1995年欧盟全部电力消耗量的1.7%。另外，对电器的整个使用寿命而言，每个家庭将节约495欧元，若按欧盟的水平计算，用户的节能效益到2020年可望达到46亿欧元。

第八，欧盟能效标准（MEPS）。欧盟能效标准又称最低能效标准，主要目的是淘汰市场能源效率较低的产品，促使制造者生产高能效的产品，使产品的平均能效获得提升。该标准是一种强制性的能效制度，规定了产品必须达到的最低能效指标，其是市场准入的基本条件，以防止不符合标准的低能效产品进入市场。在产品满足能效要求指令和产品适用的其他新方法指令后，产品方可加贴CE标志。

目前，欧盟关于最低能效标准要求的指令主要有：关于荧光灯镇流器能效要求指令（2000/55/EC），关于家用电冰箱、冷冻箱和组合箱的能效要求指令（96/57/EC），关于使用液体或气体燃料的新型热水器的能效要求指令（92/42/EEC）等。

---

① 柳娟．欧盟节能法律制度研究［D］．北京：华北电力大学，2010.

欧盟的独特立法体系——指令形式见表5-2。

表5-2 欧盟的独特立法体系——指令形式

主要指令	发布时间	具体内容	涉及指令
能源终端利用效率和能源服务指令	2006年4月5日	规定在指令生效的9年内，所有成员国应通过能源服务和其他节能措施达到9%的节能目标。成员国完成本指令的国内立法转换	《能源终端利用效率和能源服务指令》（2006/32/EC）
热电联产指令	2012年11月底	成员国制定政策措施，推动全生命周期内更有效地使用能源。具体包括提高能效政策制度，发挥公共部门示范作用，消费者对能耗相关信息具有知情权	推广热电联产指令（2004/8/EC）
能源效率指令	2012年11月底	成员国制定政策措施，推动全生命周期内更有效地使用能源，包括提高能效政策制度、发挥公共部门示范作用、消费者对能耗相关信息具有知情权	取代了推广热电联产指令以及《能源终端利用效率和能源服务指令》（2006/32/EC）
能耗产品生态设计要求指令	2005年7月	完善综合法律框架，规定耗能产品标准和要求；提高技术、装备和产品的能源利用效率；推动资源节约和保护环境；保障能源安全，提高欧盟经济竞争力和活力；保护各行业和消费者切身利益	—
建筑节能指令	—		欧洲议会和理事会指令2002/91/EC、理事会指令93/76/EEC、理事会指令89/106/EEC
交通节能指令	2009年4月	—	《推进清洁和节能的交通运输车辆》
	2003年		《促进交通工具使用生物质能或可再生能源》 《轮胎标签》
能源标签制度	—	通过耗能产品的耗能信息或高能效标识方式，为消费者提供产品能源信息	关于家用电器能源和其他资源消耗的标签及标准产品信息显示的指令（92/75/EEC）

续表

主要指令	发布时间	具体内容	涉及指令
欧盟能效标准	—	规定了产品必须达到的最低能效指标，是市场准入的基本条件，以防止不符合标准的低能效产品进入市场	关于荧光灯镇流器能效要求指令（2000/55/EC），关于家用电冰箱、冷冻箱和组合箱的能效要求指令（96/57/EC），关于使用液体或气体燃料的新型热水器的能效要求指令（92/42/EEC）

（2）形式多样的政策制度。

欧盟是世界上最大的能源进口方和第三大能源消费方，能源一半左右需要进口。近年来，石油价格猛涨以及一些产油国局势不稳，促使欧盟重新审视其能源政策。为摆脱对能源进口的过度依赖，欧盟积极发布一系列有关能源的政策措施，以保障欧盟内能源的可持续性发展，抑制能源的过度消耗。

第一，能源绿皮书。2006 年 3 月，欧盟委员会对外正式公布了《获得可持续发展、有竞争力和安全能源的欧洲战略绿皮书》。该绿皮书确定了能源领域优先发展的六个方面：建成欧盟能源内部市场；确保能源内部市场的供应安全；致力实行更加可持续发展、更加有效、更加多样化的能源政策；积极采取措施，应对全球气候变暖；实施能源高新技术战略，使欧盟相关企业在技术领域位居世界前列；实行共同对外能源政策，确保能源安全，使能源外交成为欧盟对外关系的重要内容①。

该绿皮书在制定欧盟能源政策方面树立了一个重要的里程碑，它为欧洲面对未来日益严重的能源挑战提出了一个通用的政策框架。欧盟只有在上述六个方面迅速而有效地采取行动，才能确保其具有安全、可持续和有竞争力的能源供应。由于全球范围内能耗以及温室气体排放的不

① 左蔚．欧盟国家加强节能工作的措施和做法［J］．中国科技投资，2009（3）：25-27.

断增加是全球气候变暖的主要原因，该绿皮书也建议欧盟将自己放置在应对全球气候变暖的最前线，不断开发新技术以确保未来的能源供应是清洁和可持续性的。

第二，能效行动计划。2006 年 10 月，欧盟发布了《能源效率行动计划》。该行动计划提出到 2020 年实现节约能源 20%的目标，并提出实现该目标的具体步骤。这些步骤覆盖了涉及建筑、运输和制造等行业的 75 项具体措施，包括推出更严格的电器节能标准，以及推广节能住房、节能汽车和节能灯具等。该行动计划将在之后 6 年内实施。该行动计划还提出 10 项关键政策，包括升级电器产品的环保标签，修改汽车排放标准，鼓励提高能源效率的投资，提高发电效率，推广节能出租车及其他鼓励措施。

同时，该行动计划还分领域提出 2020 年前的节能目标，如家庭能源使用效率提高 27 个百分点，工商企业效率提高 30 个百分点，交通行业效率提高 26 个百分点，制造业效率提高 25 个百分点。据估计，如果目标得以实现，欧盟每年能减少石油进口 3. 9 亿吨，降低二氧化碳排放量 7. 8 亿吨，节约资金 1000 亿欧元。

第三，智能能源计划。2003 年，欧洲议会制订了一项智能能源计划（IEE），资助地方、地区和国家等 3 个层面的可再生能源、能源效率与交通节能事业。至 2006 年，已完成第一个 IEE 计划，其中 6900 万欧元用于提高能源效率和合理用能项目。第二个 IEE 计划从 2007 年开始，侧重于可再生能源利用的创新和提高建筑能效。

第四，欧盟“能源之星”计划。欧盟“能源之星”计划是一项由政府出面推进的自愿性能源标签计划，主要是针对办公设备的节能计划。欧盟委员会与美国环保署于 2000 年 12 月达成“能源之星”合作协议，根据该协议规定，欧盟设备制造商经过注册申请可以自愿使用“能源之星”标志。

目前，欧盟“能源之星”标签主要应用在办公用品领域，但有越来越多的家用电器生产商也积极参与。欧盟“能源之星”计划在自愿的基础上促使政府采购节能的办公设备，促进了相关节能产品的销售。

第五，节能自愿协议。欧盟的节能自愿协议属于自愿性的节能计划。其中，一种是由政府与工业界联合推进、采用自愿性磋商协议的方式来提高电器产品的能源效率的自律性行业协议，自律性行业协议是产业界为节能而实施的自律行为，通常在产业界与政府之间签署节能自愿协议。欧盟鼓励自律性行业协议，因为它往往是政府制定强制性标准的替代或先导。自律性行业协议在荷兰、挪威、瑞典等国家实施得比较成功，并且协议内容不断得到升级。其中，电视和盒式录像播放机待机损耗协议与家用电冰箱和洗衣机协议被认为是实施效果最好的两个协议。

此外，各国政府也跟不同的企业和公司签署节能减排协议，并采取激励措施鼓励实施清洁生产。在英国，政府与行业协会签署自愿减排协议，根据气候变化协议来确定年度减排的目标和任务，对达到目标和完成任务的单位减免气候变化税，鼓励更多的企业履行自愿减排协议。自愿性节能减排协议的签署和实施，不仅取得了良好的节能环保效益，还取得了巨大的社会经济效益。这些效益主要有：鼓励采用系统有效的方法，提高能效，直接减少温室气体排放；通过实施清洁生产，带来经济效益和生产力的提高，提升节能与环保的认知和管理水平；允许公司选择自己认为最合理的技术方案，促进企业技术创新；促进形成灵活有效的政府和工业部门间的合作伙伴关系。

第六，财税激励。通过制定能源税法，欧盟对能源产品和电力建立了统一的税收框架系统，设立了适用于机器发动或燃料加热的能源产品的最低税率，其目的是完善国内市场的运行机制，减少矿物油与其他能源产品的竞争差异。鉴于该系统统一的目标和《京都议定书》所承担的减排义务，该系统激励了能源的有效使用，减少了对进口能源产品的依赖，降低了温室气体的排放，有利于环境的保护。同时，要求各成员国制定具体措施来执行欧盟统一税收系统以减少温室气体的排放。目前，开征能源税和二氧化碳排放税的国家有捷克、丹麦、芬兰、法国、德国、意大利、荷兰、挪威、瑞典、瑞士和英国等。另外，欧盟还通过增收汽车燃油税以达到节能减排的目的，欧盟各国的燃油税率普遍在200%以上，占整个油价的70%~80%①。

欧盟各成员国也根据欧盟的法律法规，相应制定了各自的财税政策促进绿色技术和产品的推广。

在财政补贴方面，德国政府制定了生态奖励政策，由政府出资资助家庭进行太阳能系统、热泵以及热回收设备的安装。新联邦国家的经济复苏计划提出，对与住房相关的采暖系统、保温隔热系统的节能改造给予增量投资20%、不高于250欧元/平方米的补贴。法国政府的财政补贴政策主要用于一些大规模改造项目、能源审计与诊断项目等。法国政府制定了2009—2012年完成80万套住宅改造目标，2013年后每年完成40万套住宅的节能改造。2009—2020年，法国政府的投资预算累计为1200亿欧元，主要支持对象为公共住房和城市廉租房的节能改造。英国政府制订了“暖风计划”，由国家财政支持困难家庭的全部节能改造和冬天采暖问题。此外，法国政府还制订了“社区能源计划”，资金主要来自财政部的现代化基金，以支持提高能效项目和利用可再生能源项目。

在税收优惠方面，为鼓励消费者购买节能住宅与设备进行节能改

① 柳娟．欧盟节能法律制度研究［D］．北京：华北电力大学，2010.

造，法国政府规定对于购买节能设备的家庭给予 25%~50%的税收优惠；对大型居住建筑的维护与改造实施所得税减免与抵除；对于出租建筑的新建或改造的投资进行税收激励，包括提高租金限额、增值税的减免、财产税的减免和征收排放税等。英国的强化资金补贴计划是结合税收激励和积极推广新技术的典型范例。自 2001 年实施以来，企业购买指定节能设备当年能享受 100%税收减免。该项税收减免鼓励企业购买可能更昂贵但更节约成本和减少碳排放的产品。符合绿色技术资金补贴计划的设备是通过能源技术目录（ETL）指定的，包括 57 种技术类别，超过 15000 项节能产品。每年都要评估目录标准，以反映技术进步和市场变化。

第七，能效融资。在公共融资方面，欧盟国家支持的通过机构或信托的借款和拨款对实现能效全面提升有重要作用。英国政府资金支持的碳信托能效免息贷款计划，为中小企业更新设备、改善工序和节能措施提供贷款。在贷款申请过程中，为中小企业介绍合格的设备提供商。该计划提供无担保的、免息的贷款，还款期长达 4 年。法国银行设立了“绿色贷款”，即在储户存款时向其明确贷款用途，如未来将主要用于节能减排，吸引消费者存款。对于新建节能住宅和住宅节能改造项目的业主实行零利率贷款（贷款为 300 欧元/平方米，最高为 3 万欧元），预计需要政府投资 25 亿欧元，能效融资由法国国家信托局具体实施。

在商业融资方面，商业银行虽然不能像国家支持的银行那样提供优惠的长期贷款，但其提供量身定制的融资服务，促进能效和可再生能源市场的发展，是实现可再生能源和节能减排国家政策目标的重要执行者。2007 年，荷兰合作银行开展气候抵押贷款。该产品是为了鼓励新建建筑、建筑改造和翻新的节能投资。气候抵押贷款为已有建筑提供 1 万~5 万欧元的只付息贷款（Interest-only loan），为新建建筑提供 10

万欧元。如果消费者能证明自己采取节能措施，如安装高能效锅炉、太阳能锅炉或者太阳能板，或者购买节能/可持续新房屋，就能享受前 10 年定息期最高 1%的利息减免。对于既有建筑，消费者需要证明，根据能效和能源标识，他们的房屋改造后至少提升了两个能效等级。

在开发性金融机构融资方面，欧洲投资银行、欧洲重建与发展银行（EBRD）、德国复兴信贷银行等在节能减排资金支持方面起着重要作用，尤其在小型终端能效行动（如在建筑中）中显得尤为重要。自 2001 年起，德国复兴信贷银行利用德国联邦交通建设与城市发展部的资金实施为现有建筑改造提供支持的拨款/贷款计划。政府资金支持使得德国复兴信贷银行提供低利率（低于 2%）的贷款。参与该项目的商业银行在此基础上上浮 0.75 个百分点，以扩大该计划的影响力。欧洲重建与发展银行通过部分贷款担保项目，在降低商业银行风险中发挥有效作用。这在东欧欠发达国家也是有效工具。欧洲重建与发展银行可再生能源计划（Sustainable Energy Financing Facilities）结合多种融资手段以调动市场参与者加入该项计划。

第八，合同能源管理。欧洲各国的节能服务公司（ESCO）是在 20 世纪 80 年代末期逐步发展起来的，其产生和发展除了有市场因素外，更多的是依托政府有关能源开发、环境保护政策为其营造了一个发展的环境，其对节能服务公司的财税政策也是建立在一系列法律、标准以及行政措施的基础上。

对节能服务公司实施税收优惠是欧盟直接支持节能服务产业发展的主要手段。税收优惠政策包括直接税收优惠政策和间接税收优惠政策两种。直接税收优惠政策是针对节能服务公司的支持，包括投资税抵免、所得税优惠等。间接税收优惠政策主要体现在政府对各类节能项目的支持，包括对建筑节能改造、工业节能技改的税收减免等。

除了税收优惠外，提高能源使用成本也是欧盟间接支持节能服务公司发展的主要方式。欧盟国家较高的能源使用成本为节能服务公司参与各类节能活动创造了有利条件。欧盟国家出台的碳税、能源税等税率基本上都在100%左右，因此实施节能项目不仅有直接的减排效益，在财务上也非常具有吸引力。在德国，虽然自能源市场化改革以来能源供应呈下降趋势，但同期政府能源税不断提高，从2002年到2006年，终端能源价格几乎翻了一倍，这被众多节能服务公司认为是政府支持节能和节能服务公司发展的最有效的政策手段。

此外，欧盟还通过在政府办公楼或学校、医院等公共建筑节能改造中优先选购专业的节能服务公司，或者以能源费用托管等形式将政府建筑的能源服务承包给节能服务公司等方式来支持节能服务公司的发展。例如，奥地利政府从1997年开始在维也纳45所学校中实施“公立学校EPC”行动，并将其分为两类，分别要求在10年内将能源消费量降低24.3%和21.1%。通过招标，两家节能服务公司取得了服务合同，并确定了以节能量的20%作为企业报酬。从实践来看，仅第一年，节能服务公司分别使两类学校的能源消费量降低了16%和22%，取得了巨大的节能减排效益。德国实施了类似的“节能合作伙伴”行动，节能服务公司通过签订节能服务合同，确定政府或公共建筑的最低节能量，同时详细明确了节能改造资金来源、节能量效益分享、节能措施的实施、管理和设备维护等双方的责任与义务。迄今为止，共有1300多座政府建筑与节能服务公司签订了类似合同，节能投资总额达到5600万欧元，每年节约能源花费约1600万欧元。

第九，排放权交易。欧盟根据对《京都议定书》的承诺，让各成员国分别承担了相应的二氧化碳减排任务。各成员国又将能源、加工制造业等排放二氧化碳的企业核定排放配额作为合法排放权，企业若超额排放，必须到市场上购买配额，这就形成了企业之间排放权的配额交易市场。

排放权交易实质是将能效改进过程中产生的节能量作为一种可交易的商品，促使节能主体能够以最有效的方式实现节能目标。2005 年，世界上第一个完全成熟的可交易节能证书制度在意大利实施，它规定了电力和天然气分销商每年必须实现的节能目标，如果能超额完成，则由政府审核和颁发证书，证书可在现货市场或场外实现交易，并可储存。2005 年，在英国实施的能效协议经监管者核准的超额节能量也可进行交易，并且超额的节能量作为碳节约量放入国家排放交易计划进行交易。目前，法国、瑞典、比利时等国家也正在计划实施这一政策。2005 年 4 月，由欧盟委员会计划推行的“白色证书”机制也正在实施。

（3）经验借鉴。

欧盟制定政策的引导特点鲜明，特别注重发挥欧盟有关机构在绿色技术推广中的综合协调作用，而且具体政策多数为自愿性质的准则、指南、协定，不构成强制约束，有利于各国根据实际情况制定具体的参与方式和途径。同时，制定的法律定位清晰、原则性强，只针对需要跨国合作的工作，而不涉及各个国家独自能够完成的工作，避免了介入国家内部事务，也有利于各国制定符合本国实际的实施细则。另外，欧盟高度重视采用针对性强的独立行动计划，以此推动政策实施，可有效利用有限的资金、物力和人力资源，解决重点关注的问题，继而显著提升其工作成效。

5.3 日本绿色技术推广经验

相对于日本庞大的经济发展规模，其在能源资源方面“先天不足”，95%的能源消费依赖进口，其中，石油完全依靠进口。因此，日本非常重视对能源的节约和利用，其节能工作水平处于世界公认的领先地位。

（1）详细的法律法规。

在节能法律法规方面，日本是最早制定节能法的国家之一，早在1951年就制定并实施了《热能管理法》，目前已形成较为完备的节能法律、法规和制度体系。其中，最具代表性的是1979年颁布并实施的《节约能源法》。

在两次石油危机的背景下，日本于1979年制定并实施了《节约能源法》，历经10次修改、补充和完善，该法覆盖范围越来越广泛，要求越来越细致、具体、严格，为节能工作开展提供了重要的制度保障和法律支撑。

日本《节约能源法》将管制对象分为工厂和事业场、运输部门、建筑物和机械设备4类，并根据管制对象的不同制定了不同的节能管理规定和措施。如对工厂和事业场采取能源指定工厂制度，对运输部门则要求业务量达到指定状况以及运输事业单位和货主必须实施节能行动，定期制作并提交报告书、计划书等。

日本《节约能源法》制定了钢铁、供电、水泥制造等行业的单位能耗基准指标，并将其作为该行业的准入值。同时，《节约能源法》还公布了造纸业、石油精制业、化学工业等行业的能效标杆指标值，为用能单位的行业对标活动提供了明确的参考依据。此外，《节约能源法》还对23种机械器具（包括汽车、各类家电、办公设备等）实行“领跑者”制度，规定在某一目标年度，所生产的机械器具必须达到现有该类产品的最佳性能。

日本政府对企业生产环节的绿色技术指标提出了明确要求，在《节约能源法》中从技术角度对企业能源使用合理化进行了规定，明确提出了6项判断标准：燃料的合理化燃烧；加热、冷却及传热的合理化；废热的回收利用；合理转化为热能等动力；防止传导中的能源损耗；合理转化为电能、热能，以及与这些技术领域相对应的具体适用设备。每项判断标准又分为管理事项、测量与记录、保养与检查、新设备措施等4个构成因素，将这些内容细化成工业各个环节中运转设备的能耗标准，并要求企业在生产过程中达到这些标准。用能单位可要求工作人员参照具体的设备节能管理标准对设备的用能情况进行管理，从而达到提高设备运转效率、合理用能的目的。

从日本开展节能活动的经验来看，政府层面的节能政策只是发挥引导作用，节能措施的落实最终要落到终端用能单位和生产现场，制度设计必须立足于调动终端用能单位的积极性和内生动力，促进其自主开展节能活动。日本《节约能源法》规定，每个能源管理指定单位，单位能耗必须每年降低1%。正是在政府严格的要求和企业节约成本自我需求的情况下，日本企业主动开展节能活动，不仅积极开发节能新技术、新产品，而且持续改进生产工艺和流程，促进能效的提高。

除《节约能源法》外，日本还有以政令、省令和告示等形式颁布的实施令、规则、规定、方针、标准等十几种配套法规。这些法规细致、具体，尤其是各种判断标准，分类科学、数据充分、易于对照评判。客观地说，日本节能事业能够取得显著成效，能耗增长速度大大低于GDP的增长速度，与政府有效地实施节能政策法规是分不开的。

（2）引导性较强的政策制度。

第一，财税激励政策。日本非常注意自身能源的节约和高效利用，积极通过立法和财税政策等政府干预方式推动能源的高效利用与可再生能源的推广。日本政府在节能方面的财税激励政策主要包括财政拨款与补贴、税收减免、设备加速折旧、贷款优惠、贴息、特别会计制度、推广节能服务等。

第二，能源管理师制度。日本《节约能源法》对能源管理师的职责、配置数量要求、资格取得以及考试培训等内容做出了详尽规定，为企业成功开展持续的节能管理提供了重要的人才保障。目前，能源管理师制度已成为日本落实国家节能政策的重要抓手和途径，通过这一制度，政府能够把节能监管延伸到一线用能单位，是日本推进节能最重要的手段。

第三，定期报告书制度。根据2008年修订的《节约能源法》，能源利用状况定期报告书的报表分为两类：一类是“特定表”，要求年耗能量折合原油1500千升以上的用能单位填报，集团类单位作为一个整体进行填报；另一类是“指定表”，集团类用能单位下属工厂中有年耗能量折合原油1500千升以上的，各家工厂要分别填报。定期报告书的报告事项主要包括分类能源使用量、用能设备状况、判断基准遵守情况、能源利用效率、二氧化碳排放量等5个方面。

第四，能效领跑者制度和节能标签制度。日本的能效领跑者制度是以当前能源使用效率最高的企业为标准，要求同类企业在一段时间后都要达到相同的能耗标准，对于未达标的企业采取劝告、公开、命令和惩罚等措施。目前，日本已对汽车、空调、冰箱、热水器等23种产品实行了能效领跑者制度。领跑者制度貌似具有推荐鼓励性质，但根据日本《节约能源法》，家电和汽车的能效指标均由领跑者制度确定，这使领跑者的能效标准成为事实上的业内公认标准，具有一定的强制性。

为了让消费者购买到更高能效的产品，在能效领跑者制度下，日本实施了节能标签制度，推广普及节能高效的产品。日本《节约能源法》明确规定，要将标明产品名称、产品型号以及能效标识和功/油耗标识作为产品标注的基本要求。目前，日本已对空调设备、电冰箱、电视机、电子计算机等 18 种产品实施了节能标签制度。

第五，节能表彰奖励制度。对节能领域的优秀个人、单位和产品等进行表彰奖励，已成为日本促进节能的一项重要制度。该制度通过表彰优秀节能个人、单位和产品，有效激发了社会各方面的节能工作积极性。

日本节能表彰奖励的对象包括实施能源管理先进工厂、对能源管理有卓越贡献的个人、节能住宅/电器、优秀节能家庭/电器零售店、先进节能设备装置或系统、优秀合同能源管理项目等，涵盖企业、产品技术、个人等多个领域。每种奖励设置了 3~5 个层次的奖项，分别是经济产业省（METI）大臣奖、资源能源厅（ANRE）长官奖、中小企业厅（SMEA）长官奖、经济产业省地方局长奖、日本节能中心（ECCJ）会长奖，节能奖励体系比较完善。

以上奖励多数是一种荣誉奖励，没有奖金，所需工作经费由政府财政拨付。虽然奖励仅限于荣誉等精神层面，但实际效果依旧非常好。因为企业通过这种荣誉奖励赢得了消费者的信任，赢得了市场，这是有利于企业长远发展的治本之策。获得经济产业省大臣奖的优秀节能产品，还可以得到节能大奖标识。企业将标识贴在产品上以吸引消费者，从而取得更多的效益。

第六，合同能源管理。日本政府设有专门的基金支持企业引入合同能源管理公司，政府可为引入合同能源管理的企业提供不超过标的总额 1/3 的补偿金。此外，利用合同能源管理正成为一些日本企业销售设备和产品的新趋势，合同能源管理在推动节能新技术产业化和节能新产品市场化方面正发挥着越来越重要的作用。

第七，建筑节能相关政策。近年来，日本政府越来越重视建筑领域的节能工作，提出了“零能耗”建筑理念，并制定了一系列方针政策积极推动实施。一是制定建筑物综合能源消费量的新基准；二是为实现建筑物节能性能的“可视化”管理，将其与房地产的市场价值相挂钩，制定评价大楼节能性能的标签制度；三是结合上述规定从财政预算、税收等方面给予相应的支持和奖励；四是推动和普及中小楼宇的照明、空调等设备的“可视化”控制和节能管理数据的标准化管理。

在日本愈加重视建筑节能的背景下，日本各级地方政府也结合地区实际，积极推动建筑领域的节能工作。其中，比较有代表性的是日本东京都政府建立的新建建筑节能低碳制度体系。该体系的基本政策制度包括建筑物环境计划书制度、公寓大厦的环境性能标识制度、节能性能评价书制度。此外，东京都政府还制定了建筑物设备节能性不低于10%的性能基准，制定了与城市开发相关的节能性能条件，建立了地区能源有效利用计划书制度，以及要求建筑物业主研究使用可再生能源。

第八，温室气体排放管制与交易制度。2000 年 12 月，东京都制定了“地球变暖对策计划书”制度，并于 2002 年实行，要求排放一定量温室气体的企业，必须有计划地削减排放量。该制度实施的对象是东京都 1332 家年耗能量折合 1500 千升原油以上的较大规模用能企业。东京都规定，各企业在承担总量削减义务时，要自行采取减排措施促进目标实现，否则就要通过交易来达到削减排放量的目的。

随着东京都温室气体排放管制与交易制度的出台，各类用能企业已出现一些积极的改进趋势，如部分房地产开发商开始倾向于建设节能性能更高的办公楼，一些供冷、供热公司开始强化节能改造方面的投资等。

（3）多种形式的宣传推广。

在日本，宣传节能理念、普及节能知识已成为很多节能工作机构的重要职责。其具体做法包括充分利用网络资源、发挥各类节能标志的宣传作用、举办展览和节能讲座、出版多种节能报刊资料、组织设计精美的节能宣传海报等。

其中，具有代表性的工作是日本节能中心的下属协会日本世界商务推进协议会（JASE-World）每年编辑出版的《国际发展技术集》。该技术集汇集成员单位研发的最新节能和新能源技术，通过各种机会积极宣传和介绍这些成果。如利用国际会谈的机会，由日本首相和有关大臣向各国首脑赠送技术集，在经济产业省和外务省协助下向驻日使馆机构分发技术集等。

（4）打造绿色供应链。

当前，日本四大产业的绿色供应链发展较快。一是生产制造业。日本的生产制造业已经形成了以大企业为核心的绿色供应链，整个供应链以核心企业为主导，企业间相互协作，一体化发展，减少全过程的资源浪费，代表性企业包括丰田等。众所周知，丰田能够以高品质、低油耗打入全球市场，不仅仅因为其本身的生产制造技术，更多的是因为绿色、高价值的供应链管理模式，准时生产制（JIT）、精益生产（LPS）、零库存、平整化、敏捷物流等都是丰田绿色供应链管理的具体体现，也是其绿色供应链的特点。二是批发零售业。便利店、零售超市等对商品的采购、销售等环节都实行严格的节能、环保、可控策略，以保障产品质量安全以及消费者绿色消费。三是家电电子产业。如佳能、松下、三洋等众多企业从原材料应用、生产制造、售后服务等方面着手提供绿色产品制造及绿色服务。此外，日本在家电电子产品的逆向回收方面也有完善的体系，废弃家电的回收分解都由各生产厂家负责，极大地减轻了对环境的污染。四是物流服务业。日本物流业追求建立信息流与物质流循环化的绿色物流系统，把有效利用资源和维护地球环境放在发展的首位。例如，大和运输公司是日本专业物流商中经营业绩最好的企业，也是日本最大的专业宅急便公司。在业务拓展过程中，大和运输公司不断融入绿色技术，提供从订货、发货、查询到出库作业、商品保管、配送、运输等全过程的绿色服务，通过构建标准化的互联信息系统，实现了与所有参与者之间的信息共享，最大限度地降低了物流费用，节约了社会资源。

日本绿色供应链能够成功发展，除了有企业自身因素以外，还有很多因素。一是政府的政策支持。在财政方面，日本政府制定了详细合理的环保经费分配政策，对建立绿色供应链和应用绿色技术的企业给予一定的资金补贴。例如，在日本更换车辆的尾气排放设备时，第一阶段由政府全部免费安装，第二阶段由企业和政府各承担一半的安装经费，第三阶段则完全由企业承担安装费用。二是完善的法律支撑。例如，2000年，日本政府颁布了《循环型社会形成促进基本法》，随后又出台了《固体废弃物管理和公共清洁法》《促进资源有效利用法》等，有效地促进了日本建立资源循环共用体系①。2001 年，针对家电行业颁布了《家电循环法》，将废弃家电处理回收规定为生产厂家的社会责任，并严格执行。2002 年，针对汽车制造行业提出了《汽车循环法案》，对废旧车辆的回收处理工作进行了明确的责任分工；针对建筑行业颁布了《建设循环法》，规定废弃水泥、沥青、污泥、木材的再利用率要达到100%。针对物流服务业，日本分别在 1997 年、2001 年、2005 年、2009 年以及 2013 年先后 5 次颁布并修订了《综合物流施策大纲》，强调要建立具有国际竞争力的物流市场，创建能够减轻环境负荷的物流体系和循环型社会。此外，还有《促进容器与包装分类回收法》《食品回收法》《绿色采购法》等。三是绿色城市体系的建立。一方面合理布局了大型货物集散中心，如东京的东、西、南、北 4 个方向都有大型的货

① 日本如何打造绿色供应链？[N]. 中国环境报，2016-07-28.

物集散中心，8 吨以上的外地重卡在货物集散中心把货物卸下，由微卡、小卡在城市中心配送，减少了重卡在城市内部的污染。另一方面建立了庞大的地下物流配送体系，如在写字楼地下设有货物集散中心，高层之间通过地下线路就能完成整个城市配送业务，缓解了地上交通的拥堵。此外，城市配送卡车停靠站、电动汽车充电桩等相关基础设施的建设也十分完善；24 小时便利店、零售商场的收、发货等辅助业务也十分成熟。

（5）经验借鉴。

与欧美发达国家不同的是，日本非常重视采用政府手段进行绿色技术推广工作，在税收扶持、财政补贴、鼓励研发、人员机构交流、审核准入等方面均建立了相关行政制度。从财力、物力、人力、监督等方面保障绿色技术推广工作的效果和效率。

5.4 国际经验对我国的启示

欧盟、美国和日本等具有健全的法律法规制度、完善的节能管理机构、多样化的节能激励政策，并积极利用市场化机制促进节能，取得了明显的成效，在许多方面值得我国借鉴。

第一，法律法规周密完备。国外发达国家（地区）的法律法规不仅有框架性的原则条款，还有具体的明细条款，可操作性强，因此法律法规易于实施，有力促进了节能工作的开展和绿色技术的应用推广。例如，美国 2005 年《能源政策法案》的每一条款都力求做到精细与具体，国家规定的各项能源政策和各个具体方面都有一系列的条款相呼应，明确了主管部门、财政措施、相关目标和法律责任，并给美国能源部等各个相关政府机构规定了详细的责任或授权，要求它们依法实施相关规定或开展研究、开发工作①。日本的《节约能源法》对于用能单位的节能目标、判断基准、能源管理机制、能源管理者的资质和职责、用能状况报告制度、企业中长期节能计划等进行了详细的规定，并随着每次修订越来越严格，可操作性越来越强，不但能使各类用能单位明确自身需要承担的义务和所要达到的目标要求，而且使政府部门在监督检查时易于操作。

第二，管理体系健全高效。完善的管理体系与制度是一个国家的节能工作有效开展的根本保障。美国在能效领域形成了一套完整的包括联邦政府、州政府和非政府部门在内的能效管理机构。联邦政府管理部门负责全国的能效政策和管理工作。这些能效管理机构可以在相关能效标准标识和激励政策的制定、宣传与实施过程中发挥重要作用。法国政府通过举办全国环境协商大会，落实《京都议定书》以及欧盟的能源政策。全国环境协商大会召集包括各级政府、政府各职能部门、金融机构、相关企业、专业协会、公众协会等社会机构，向政府提供相应的环保措施，会议通过协调各相关利益主体达成一致目标，制定具体财政支持措施，并将其列入经济振兴计划。

第三，利益主体责任明确。在国外发达国家（地区）的节能工作中，明确各利益主体的责任已成为共识。在欧盟各成员国中，各项主体的责任非常明确，家用电器生产商、制造商对节能产品的初步节能负有最基本的责任，各成员国政府当局通过对国家监督和控制系统的运作履行其监督与检查的职责，欧盟委员会对成员国政府的能力进行评估，运用最先进的科学来发展绿色技术，通过审查与检验促使国家监督和控制系统达到更高的水平及更高的节能目标，消费者对节能产品的选择、处

① 李志英．美国能源效率与节能法及对我国的启示［J］．知识经济，2010（17）：30-31.

理与使用负责。通过这种方式，使得从生产到投入市场再到使用的所有部分能够被系统实施并保持连贯一致。通过明确各主体间责任的方式，让利益各方能够各司其职，确保了节能法律能够顺利贯彻实施，为实现节能的最终目标提供了有效的机制保障。

第四，能效标准持续提高。在推动节能产业发展方面，欧美日等发达国家（地区）都采取了能效标准这种手段，一方面将不符合最低能效标准的能耗产品淘汰出市场；另一方面为绿色技术和产品的推广创造了巨大的市场空间，并且随着技术和市场的发展，持续提高能效标准。美国能源部指出，能效标准不仅可以减少温室气体的排放，还有助于经济的发展。通过与工业和能效机构的合作，美国能源部不断采取一些实用的措施来节省民众和企业的开支。在奥巴马政府的领导下，美国能源部对超过 30 个家庭和商用产品制定了新的能源效率标准，预计到 2030 年，可以为用户节约 4500 亿美元并减少超过 18 亿吨的温室气体排放。

第五，宏观调控和市场机制相互促进。美国政府对节能宏观调控和节能市场机制的相互促进形成了其节能机制的特色。一方面，美国各级政府通过采取节能政策措施，进行节能计划的推广宣传；另一方面，作为一个市场经济体制健全的国家，美国政府积极推进节能市场机制，如通过节能自愿协议、电力需求侧管理和合同能源管理等市场机制推动节能。欧盟节能减排能取得重大进展，也是政府政策和市场机制相互配合的结果。例如，欧盟采取的节能自愿协议，可以有效弥补单纯行政手段的不足，政府在协议中采取了提高减免税、税收返还等经济激励措施，使得企业能够将节能这一公共目标与自身经济目标相结合，对企业来说有很大的吸引力，同时采取协议这种非强制措施也能降低政府的管理成本。

第六，注重提高能效，而非限制用能。国外发达国家在节能方面并非强调限制使用能源，而更注重提高能源的利用效率。例如，日本的

《节约能源法》实际上是关于合理化使用能源的法律。该法律的精神并不是对能源使用总量进行控制，而是着眼于提高能源利用效率，该法律的很多规定和条款就是从提高能效的角度提出的。

第七，重视用能单位的主体作用。以企业为代表的用能单位是现代市场经济的基本组成部分，特别是工业企业作为能源消耗大户，其节能意识和节能管理水平对节能工作有重要影响，其对待节能工作的态度对全社会也有重要的导向作用。企业被动地应付检查与主动地采取节能措施所产生的效果是截然不同的。从日本开展节能活动的经验来看，政府层面的节能政策只是发挥引导作用，节能目标的实现最终要落实到终端用能单位，依靠企业自主自觉的行动。在政府严格细致的要求和自身成本节约需要的情况下，日本企业主动开展节能活动，不仅积极开发利用节能新技术、新产品，而且采用各种管理学原理和方法改进生产工艺或流程，促进能效提高。欧盟国家通过多样化的财税政策，鼓励企业与个人采用绿色技术和购置节能设备。如法国通过税收优惠鼓励家庭购买节能住宅与设备进行节能改造，英国对采用能源技术目录指定技术的企业给予资金补贴。发达国家的汽车、钢铁、家电、化工等传统产业面对低碳、绿色发展的大环境，在加快中低端产能向发展中国家转移的同时，根据新一轮科技革命和产业变革提出的绿色发展新要求，在技术升级、产业融合方面做出更为积极的响应。这些传统产业加快合纵连横，组建各类战略联盟，共同攻克新技术难关，推进行业绿色转型。应该看到，以信息技术为支撑的制造业服务化成为发达国家当前产业发展的一个重要特征。发达国家工业部门正在由单纯的产品制造转变为围绕产品生产提供全价值链的服务。制造业服务化在一定程度上改变了要素配置的结构和方式，降低了工业对自然资源的依赖和消耗，成为传统产业绿色转型的重要助推力。面对日益加大的资源约束和环境压力，发达国家企业经历了由被动适应到主动转型的过程。20世纪中后期，德国制造企业曾经反对政府实行环境税等环保和减排措施。但随着形势的变化，德国企业逐步认识到减排是大势所趋，开始采取自主管制的方式，即在产业联盟的主导下，由产业界的5个全国性组织和14个行业协会自主确定减排目标，实施减排计划。相对美国政府在较长时间内对节能减排的消极态度，美国大企业走在了政府的前头。2002年，柯达、通用电气、通用汽车等大企业与美国环保局结成伙伴关系，开始施行“气候领导者计划”（The Climate Leaders Program），旨在通过自主减排使企业在应对气候变化中发挥更积极的作用①。

第八，经济激励手段灵活多样。经济激励机制是指利用价格、税收、信贷、投资等经济工具调整或促进节能的政策，主要包括财政、税收和信贷等措施。这类措施具有明显的利益刺激因素、显著的费用有效性和受控对象的灵活性，对实现节能目标起到一定的推动作用，因而在世界各国得到了越来越多的应用。欧美日等发达国家（地区）的节能之所以成效显著，一个重要原因就在于政府重视节能，并有一套较为完善的经济激励制度和多样化的经济激励手段。美国等发达国家提出了重振制造业计划，重点放在信息、新能源、新材料、生物医药等新兴产业上，加大对新兴技术和产业的投资力度，促进绿色经济发展。欧盟对绿色产业和低碳化发展采用技术推进与市场拉动并举的政策手法，一方面，加大技术研发投入力度；另一方面，完善排放权交易体系，利用市场机制创造更多绿色需求。美国重点加快新能源产业发展，联邦政府和州政府采取各种税收激励措施，鼓励企业和个人使用可再生能源，积极发展智能电网；向绿色经济投入高达1000亿美元，积极布局新兴技术

① 戴丽．工业绿色发展　实现制造强国［J］．节能与环保，2017（3）：26-31.

领域，实施《国家制造业创新网络计划战略规划》，首批建设的国家先进制造创新研发中心有多个项目与绿色制造密切相关，如 3D 打印、智能电网、轻量制造等。从 2008 年起，日本政府开始实施“环境与能源革新技术开发计划”，投资 300 亿美元推进五大绿色技术研发。根据不同领域的特点，制定技术战略图，调动各方积极性，产学研相结合全方位开展技术创新攻关。以期通过技术突破，恢复产业发展活力，在绿色发展的基础上重振日本制造业①。

① 周篁．美国可再生能源和节能情况考察［J］．中国能源，2006（12）：15-19.

6

绿色技术市场推广存在问题与障碍

如今能源和环境问题日益严重，开发应用绿色技术可以有效缓解这一问题。绿色技术是未来的发展方向，绿色技术只有用以市场为导向的方法才能持续发展下去，但不可否认的是，当前的绿色技术市场推广还存在很多的问题与障碍，只有突破这些关键性的挑战，绿色技术才能科学健康地发展并应用下去，有效地促进全球能源和环境问题的改善与解决。

6.1 普适性问题与障碍

在对国内外节能的法律法规、政策制度、推广应用等方面的分析研究的基础上，通过走访绿色技术企业、金融机构、行业协会等单位，对我国绿色技术推广面临的问题和障碍进行了梳理。同时根据调查问卷数据，梳理绿色技术推广面临的问题和障碍，主要包括国家相关政策扶持力度不够，融资困难，绿色技术相关评定标准体系不完善等（见图 6-1）。具体来看，57.14%的被调研企业认为绿色技术推广的相关政策扶持力度不够，是绿色低碳技术推广的关键影响因素。47.90%的被调研企业认为绿色技术市场标准体系不完善、融资困难，增加了绿色技术的推广应用难度。

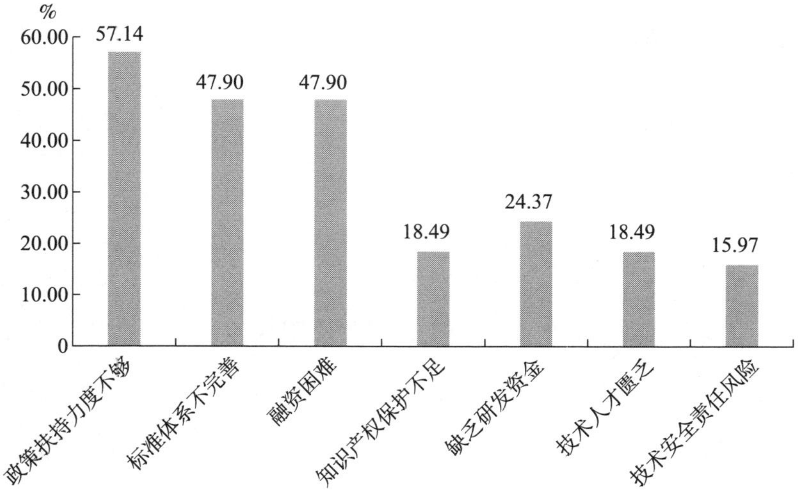

图 6-1　绿色技术推广存在的问题和障碍

6.1.1　法律法规与政策体系

与绿色技术推广相关的法律法规体系有待完善。我国还没有出台关于推动绿色发展、推广绿色技术的法律法规。有关节能减排的主要法律是《中华人民共和国节约能源法》。相比发达国家的法律，《中华人民共和国节约能源法》的条款多是框架性和原则性的，具体内容不够详细，同时缺乏相关配套法规，尤其是缺乏判定标准，在一定程度上影响了《中华人民共和国节约能源法》的贯彻实施。我国真正实施的配套法规仅有《公共机构节能条例》《民用建筑节能条例》等少数几部，其他一些文件和规定还没有上升到法律层面。此外，我国的节能标准、标识等方面的制度建设也滞后于实际工作的需要，已有标准覆盖面太窄，公信力相对不足，这些都阻碍了我国节能技术的推广和节能事业的发展。同时，节能推广政策有待加强。已出台的政策对绿色技术或装备产品推广的支持力度不够，企业在前期投入较大，价格往往也不具备竞争优势，业务开展困难。《节能低碳技术推广管理暂行办法》是唯一针对绿色技术推广的专项政策，主要适用于国家发展改革委管理的《国家重点节能低碳技术推广目录》，缺少绿色技术推广系统性实施方案和具体措施支撑，可操作性有待加强。

在循环经济领域，为了促进循环经济发展，提高资源利用效率，保护和改善环境，实现可持续发展，自2009年起施行了《中华人民共和国循环经济促进法》，对在生产、流通和消费等过程中进行的减量化、再利用、资源化活动进行规范。2018年10月26日，第十三届全国人民代表大会常务委员会第六次会议对其进行了修正。国务院循环经济发展综合管理部门会同国务院生态环境等有关主管部门，定期发布鼓励、限制和淘汰的技术、工艺、设备、材料及产品名录。禁止生产、进口、销售列入淘汰名录的设备、材料和产品，禁止使用列入淘汰名录的技术、工艺、设备和材料。其中，《中华人民共和国循环经济促进法》第二十一条规定，国家鼓励和支持企业使用高效节油产品。电力、石油加工、化工、钢铁、有色金属和建材等企业，必须在国家规定的范围和期限内，以洁净煤、石油焦、天然气等清洁能源替代燃料油，停止使用不符合国家规定的燃油发电机组和燃油锅炉。内燃机和机动车制造企业应当按照国家规定的内燃机和机动车燃油经济性标准，采用节油技术，减少石油产品消耗量。虽然提到鼓励能源消耗大的几个行业使用高效节油产品，但并未给出可操作的细则，因此企业在实施中自由裁量权较大。

招投标制度是规范招投标行为、引导产业发展方向的基础保障，对各个行业和领域的有序、高质量发展起着重要的规范与促进作用。但现行的《中华人民共和国招投标法》对鼓励绿色技术推广、节约能源资源、生态环保问题缺乏针对性的制度安排。招投标制度中对于绿色技术的鼓励和支持力度还不够，绿色技术作为具有公益属性的技术，在与普通技术同等竞争时，无法显现其优势。在实际操作中，仍然存在着大量低价中标的情况，这些都不利于绿色技术的推广应用。以节能领域为例，国家发展改革委、工业和信息化部、住房和城乡建设部、财政部、生态环境部、国管局等部门为加大节能环保领域新技术、新产品等的应用推广力度，都发布了节能环保技术和产品目录，出台了一些支持先进实用技术推广应用的财税、价格、金融等方面的鼓励政策。这些措施对节能环保产业发展都起到了重要的推动作用，但是与各方面的要求和呼声相比还远远不够。据调研，从法律层面支持相关部门制定配套政策、标准等是推进节能技术、产品和服务发展必不可少的途径与手段。因此，建议招投标等法律对此做出原则性规定，为配套的政策、标准等措施制定提供依据，共同促进国家的创新驱动、节能环保等战略任务落实。

6.1.2 管理机制体制制约

我国仍保留着一些传统计划经济时代的观念和做法，主要体现在以下两个方面：一是政府职能还未实现从“以经济建设为中心”向“以公共服务为中心”转变，节能减排、环境保护、绿色发展等公共服务职能虽然逐渐得到重视，特别是“绿水青山就是金山银山”理论的提出，但绿色技术推广仍处于弱势地位。二是我国推动绿色发展管理体制在运行机制方面暴露的诸如管理手段单一、公众参与机制缺失等问题，也与行政管理体制改革不彻底密切相关。市场手段、法律手段等在我国受到的重视程度还不够，行政命令、强制性手段仍然占主导地位；公众参与、民主评议、非政府组织协调配合的多元化社会管理机制还没有建立起来，导致绿色技术推广远未达到高度市场化的程度。

以节能领域为例，管理机制和手段单一。我国节能减排的管理手段以行政手段或指令性控制手段为主，如节能减排目标责任制等，市场化和社会化的管理手段相对较少，碳交易市场仍处于试点过程中。行政手段由于具有强制性、高效性、易监督性等特点，在完成节能减排目标方面作用明显，但随着市场经济的发展，其管理成本高、激励弱和随意性强的弊端也逐步显现。如中央通过将节能减排绩效与地方政府考核相挂钩的行政命令方式来约束地方政府进而约束重点企业，但由于地方高耗能企业的生产规模与地方财政收入直接挂钩，又缺乏相应的落后产能退出机制，使得企业和地方政府节能减排动力不足，出现“数字节能”和“数字减排”现象。

6.1.3　绿色技术推广融资困难

绿色资金申请流程繁复。国家每年都有大量资金用于对各类绿色技术和项目的支持，但奖励或补贴资金的申请流程往往较为繁复。企业要获得资金，就要投入很多精力用于熟悉申报流程的各个环节，准备申报材料和办理手续。此外，部分企业还需要聘请有资质的熟悉申报流程的中介机构进行相关材料的准备和申报。这样，在时间成本和经济效益上对企业都不太划算。特别是一些进入国家重点推广的绿色技术目录的技术申报企业，通过做项目产生了很多节能效益的企业并没有获得相应补贴，反而是一些企业靠弄虚作假拿到了补贴，这也打击了很多企业的积极性，使得绿色资金未能充分发挥应有的效益。

绿色技术推广融资困难。节能项目在初期往往资金需求量较大，这是绿色技术企业在项目实施推广过程中面临的最大“瓶颈”。然而，现阶段我国的融资渠道不多，融资成本较高。特别是对于中小企业而言，由于资信担保等问题，融资更加困难，尽管多家银行有节能相关的贷款业务，实际上中小企业很难获得贷款。

6.1.4 绿色技术评价指标及体系

由于我国绿色技术的发展环境还不够成熟，新的绿色技术在市场推广、产业化应用过程中，往往苦于无法找到相关的标准支撑，没有竞标优势，最终造成市场准入障碍。

同时，在技术评价评估方面缺乏权威的评价办法与体系。虽然，社会上存在很多具备评审评价资质的企业单位，但并没有形成统一规范且完善的评价体系，这给绿色技术的发展和市场推广带来了一定的不利影响。

以绿色技术为例，我国的节能评价研究起步相对较晚，存在着很多的局限性，如较为成熟的评价体系指标虽然有一定的参考性，但借鉴意义不大；绿色技术评价中所采用的评价方法和衡量标准有待进一步论证；在绿色技术的评价标准和指标体系分值设计上也缺少客观的科学性。因此，当前亟待建立不同行业的一套全面综合的绿色技术（产品）评价体系，对绿色技术从安全、节能、经济、可推广性等方面进行评价，突破现有局限性。这也将减少绿色技术发明或者改进时大量人员鉴定的浪费，为绿色技术提供企业、鉴定单位、使用企业三方节省费用开支，从而提高绿色技术的市场竞争优势。

6.1.5 外部营商环境

知识产权保护不力。和发达国家相比，我国社会的法律意识较为薄弱，执法人员素质不高，对知识产权保护不足，假冒伪劣产品和技术充斥市场，例如，出现了一些企业打着入选《国家重点节能低碳技术推广目录》的旗号对其技术和产品进行虚假宣传与推销，极大地削弱了绿色技术企业进行技术创新和推广的积极性。

绿色技术推广中介环境缺失。绿色技术领域是专业性很强的新兴领域，绿色技术企业在开展业务时往往由于技术团队不成熟，项目运作经验缺乏，造成实际项目难以实施。而在项目供、需双方谈判时，在项目可行性、预期节能效果、评估方法等方面也常常存在分歧，导致项目不能成形。这些都需要由专业的第三方机构进行培训和指导，促进节能企业的发展和节能项目的推广。然而，我国节能相关中介机构数量少，业务规模小，从业人员素质参差不齐，服务能力普遍较低，缺乏良好的节能中介服务环境。

诚信问题困扰产业发展。我国企业特别是中小企业一直以来存在着诚信问题，加之绿色技术水平参差不齐，客户难以判断，对于市场上的多项绿色技术的信任度不高，绿色技术被用户认可需要花费较大精力。此外，一些节能服务公司在实施合同能源管理项目时，会遇到客户违约或不按合同付款等情况，投入资金难以回收，对公司的运营造成了较大影响，阻碍了绿色技术企业进一步推广实施节能项目。

绿色技术培训宣传仍需加强。我国全社会节能、环保、绿色意识普遍还有待进一步提高，虽然进行了一些宣传培训活动，但是多为书面和课程等形式，缺乏实际操作和现场考察，培训人员和公众对绿色技术及其效果的感性认识不深刻，活动效果并不明显。特别是许多高耗能企业与节能工作者缺少对绿色技术和项目经济效益的认识，导致绿色技术不受重视或不予采用，极大制约了绿色技术的推广。

6.2 调查问卷及专家访谈分析

为了从微观层面分析绿色技术市场推广存在的问题与障碍，更广泛全面地了解当前实际情况，集思广益，积极发现新问题，使调查不断深入，结论比较科学、有代表性，设计了“绿色技术市场推广存在的问题和障碍”调查问卷，并通过各地方节能中心系统、网络传播等方式针对各利益相关方进行了问卷调查。共回收 1190 份有效问卷，这 1190 家参与问卷调查的企业中，节能类企业最多，占 60. 50%，环保类企业和循环经济类企业次之，分别占 35. 29% 和 26. 89%（见图 6-2）。根据企业员工人数、注册资本和产值数据来看，绿色技术企业多为中小企业。

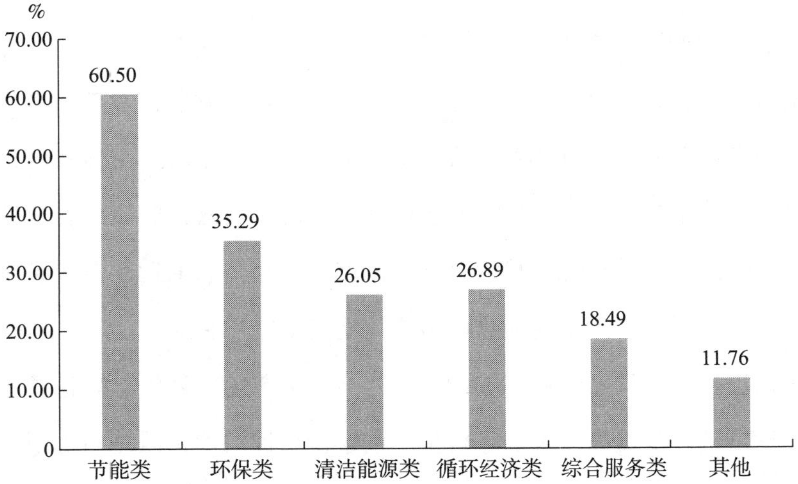

图 6-2　参与问卷调查的企业类别

6. 2. 1　企业间无序竞争，存在大量“劣币驱逐良币”情形

市场是“一只看不见的手”，绿色技术创新、推动绿色发展需要发挥市场的作用。构建市场导向的激励机制，应该让更多有能力的企业参与并主导技术创新、配置各类资源要素。当前绿色技术推广的市场化程度不高且参差不齐。以通用的风机行业为例，在经济效益的驱使下，存在着一些发展较为滞缓的风机厂家在产业技术及产品性能上均无明显优

势，由常规的质量战，变成以降低产品价格为优势的恶性价格战，扰乱市场秩序。因此，如何更好地统一和完善市场监管机制是一个亟待解决的问题。

众所周知，绿色技术企业多为中小企业，甚至是微型企业。企业在发展初期需要大量的资本来支撑研发与推广，而现实情况往往相反，很多企业反映存在融资困难的问题。根据我们的调查问卷，有近27%的绿色技术企业注册资本不高于500万元，而注册资本上亿元的绿色技术企业仅占到约19%。另外，在2018年总产值规模方面，有超过40%的绿色技术企业低于1000万元，高于1亿元总产值规模的企业只有不到27%。这些数据从一定程度上说明了绿色技术产业化发展的市场依然不成熟，社会资本并不看好绿色技术的价值利益点，或者说绿色技术产业化发展的核心竞争力优势不够凸显。

导致这一结果的原因是方方面面的，接下来，如何完善市场机制，充分发挥市场激励机制的导向作用，构建公平、竞争、良好的市场环境，还需要政府、企业等各方的共同努力。

6.2.2 政府对绿色技术推广政策引导和支持力度需进一步加大

绿色技术是我国经济社会可持续发展的重要支撑点，发展绿色技术难度大、风险高，充足的资金和人员是必要条件。单单依靠企业的力量是不够的，它还需要大量的基础性工作支持。只有政府才有能力全面整合社会资源，制定倾斜性扶持政策，采取各种优惠、激励政策来鼓励和支持绿色技术推广。

虽然政府及有关部门制定并出台了很多优惠政策，包括价格政策、税收政策、补贴政策、引导政策等，但是整体而言，引导性的政策较多，缺乏更为严格与详细的规定和约束，这就导致了市场上的技术鱼龙混杂，干扰了真正良好技术的发展和壮大，市场环境也存在着种种不规范的现象。而且，以节能和环保为例，对环保产业起重要作用的绿色技术带有很多的公益性，难以吸引企业进行研发、应用等的投入，这对企业的发展非常不利。

从我们的调查问卷中也可见一斑，48.74%的企业表示对国家相关政策标准了解情况一般，仅有6.73%的企业对国家相关政策标准非常了解（见图6-3）。这说明政府以往的引导政策依然不够完善，在可持续发展政策和法律的宏观指导方面，还应当结合绿色技术发展的实际出台更加有针对性的有效监管政策。

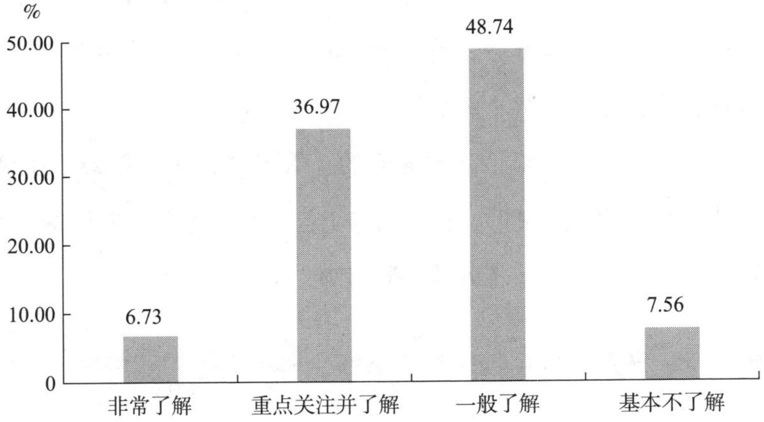

图6-3 企业对绿色技术相关政策标准的了解程度

6.2.3 绿色消费观念不足，用户认知度不够

公众既是消费者又是生产者，他们的行为在很多方面能够影响环境。因此，公众的绿色消费意识，对于形成绿色技术的市场需求，拉动绿色技术的发展起着重要作用。与西方发达国家相比，中国大众化的绿色消费观念起步较晚，但发展速度很快。随着绿色消费观念的深入人

心，许多政府注意发挥自身的生态优势来发展绿色经济。但是，消费者缺乏消费观念依然是不容忽视的问题。这种情况抑制了绿色消费的发展，减少了消费者对绿色技术市场的需求。

消费者在进行产品选择时，往往只是考虑质量、价格等因素，很少考虑使用过程中对环境是否会产生不良影响，更不会考虑产品在生产过程中的影响。然而，绿色技术往往研发成本高，导致产品成本高，价位也高。对于大众消费者来讲，普遍很难接受。而用户企业作为经济主体，更加注重经济利益。从调查问卷可以看出，55.47%的被调查单位表示具有一定程度的绿色消费和绿色生产理念，31.93%的被调查单位表示绿色消费和绿色生产理念基本很弱，仅有12.60%的被调查单位具有很强或较强的绿色消费和绿色生产理念（见图6-4）。

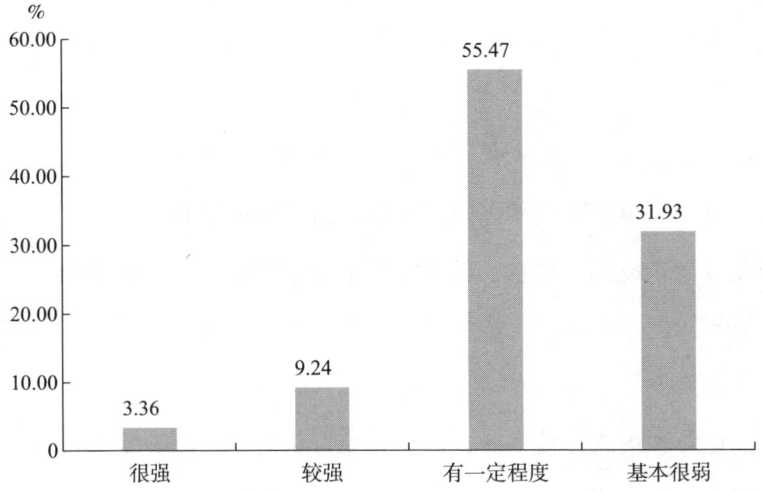

图6-4 绿色消费和绿色生产理念

在环境污染、破坏日益严重的大背景下，环保部门起到的作用日趋重要。但仅靠一个部门孤军奋战，整体能力很不足，尤其涉及跨部门、跨地区案件，以及在地方保护主义面前往往显得苍白无力。因此，必须通过一定的教育手段使消费者理解并接受，为绿色技术的推广打下基础。

6.2.4 绿色技术创新不足，绿色技术研究水平参差不齐，推动市场推广的关键技术少

随着我国"战略性新兴产业"发展政策的出台，社会对于节能环保、新能源等领域的技术创新广泛重视起来。但是，我国仍面临着绿色技术创新不足、国际差距较大、产业化规模有限等问题。究其原因，主要是过去对绿色发展不够重视、企业研发能力相对落后及科研成果转化率低等。

在对一些用能企业的调研过程中我们发现，事实上也有很多企业在寻找绿色技术，但在市场上却难以找到真正安全适用的技术。看到更多的是一些已经在应用的老技术，或者是被边缘化的、不具备技术迭代的技术。

以新能源汽车为例，与传统燃油汽车相比，新能源汽车处于刚起步阶段，其安全事故的规律以及预防事故的手段还没有被完全掌握，安全措施建设尚未成熟。并且，新能源汽车充电时间长、充电基础设施建设及续航等问题也仍待进一步解决。行业若想实现健康发展，技术的研发升级至关重要。

绿色技术集成化程度低。对于一些行业而言，单一绿色技术的改造难以解决实际的能耗问题。而我国现在的绿色技术集成化程度不足以满足企业对生产工艺流程的综合性改造。尤其对于大企业来说，生产装置已经定型，节能改造潜力较小，而中小企业比较灵活，容易进行相应的节能改造。

6.2.5 技术产品初始投资大，投资回收周期长，落地难

在一些重点用能行业，绿色技术装备生产企业往往属于重资产行业，投资大、周期长，企业缺乏融资能力，资金短缺问题突出，融资难题显著，资金始终是阻碍企业快速发展的重要“瓶颈”。

还有很多企业属于研发型企业，企业前期的研发设计成本高，产品成本高，市场竞争力低，难以落地。大多数用户对于技术产品的认知度不够，用户在不了解产品的经济环境、社会效益的情况下，在看到初始成本过高后往往难以接受，望而却步。

有一些技术涉及多个领域或部门，整个工程的实施需要联合多个部门进行资源共建，整个工程投入巨大，项目难以落地。举一个较为典型的例子，城市智能照明系统的建设中灯杆的管理涉及多个部门，如大城市的路灯一般由路灯中心管理；监控与报警由公安系统负责；充电、广告与通信都有独立的管理系统。每套设备的设计和铺设需要多个部门协商，前期投入巨大，耗费周期长。

6.2.6 企业绿色技术推广渠道单一，融资途径不畅

调查数据显示，企业绿色技术的推广途径中，企业主要采用的绿色技术推广渠道包括参加行业协会等专业机构组织的活动、销售人员直接联系潜在客户、组织公司宣传活动，以绿色技术企业为主来推广（见图 6-5）。其推广渠道和方式较为单一。

绿色技术推广相关方做出的努力，如发布技术推广目录、发布技术应用典型案例、现场推广等有效措施也取得了成效。其中，71.43%的被调查企业认为国家发布的节能、环保等技术推广目录具有效果（见图 6-6）。

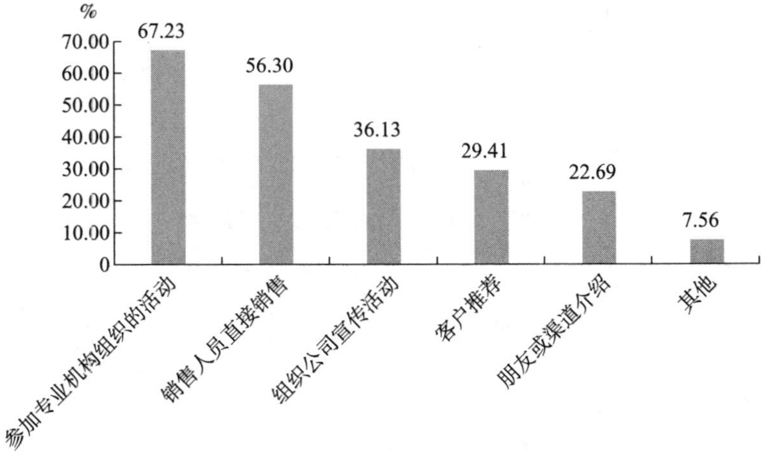

图 6-5　绿色技术推广渠道

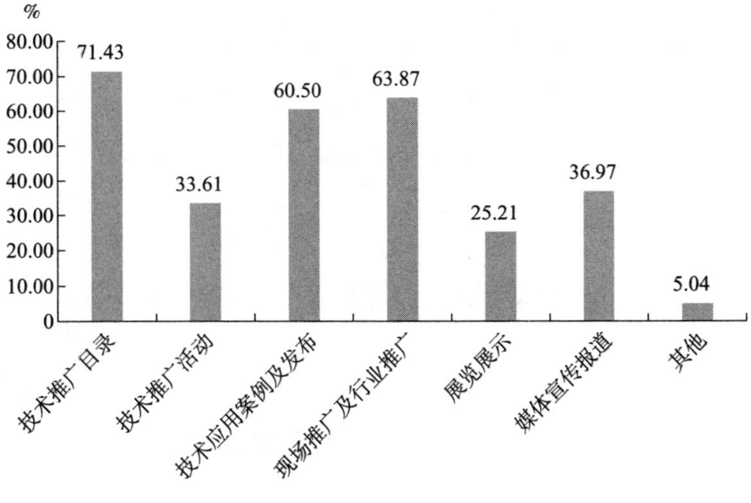

图 6-6　绿色技术推广的有效措施

绿色技术企业本身所具有的特点决定了按常规向银行贷款是非常困难的，银行关心的是绿色贷款增长，而绿色技术企业关心的是长期发展。

绿色融资难题的存在与绿色技术本身有一定的关系，从金融机构的角度分析，银行等金融机构在进行投资时，需要对企业的环境现状乃至整个供应链信息进行综合考察，尤其是在我国对企业环境信息披露非强制的情况下，企业环境信息披露不充分，限制了金融机构的考察。绿色技术的不断提升以及应用、绿色项目的不断开展能够极大地减少企业生产活动带来的环境不利影响，这类技术及项目具有显著的公共物品特征，就使投资者往往难以获得预期的收益。技术提升周期以及设备改造周期过长，而资金回报期限通常不会太长，但金融机构往往追求短周期、高收益，决定了银行的投资难以达到有效规模。

从企业自身的角度分析，银行贷款给企业，一般对抵押物的要求是固定资产，如厂房、大型设备，然而绿色技术企业一般特点为轻资产、小规模，可以用作抵押的固定资产很少。与之相反，新兴绿色技术大规模推广需要大量的资金支持，企业融资方式相对较少，技术企业往往难以采用担保贷款等其他融资方式，只能依靠信用贷款，而信用贷款额度一般较低。融资难也是导致人才短缺、市场扩张慢等制约企业发展的“瓶颈”。

6.3 绿色技术市场现状与问题综合剖析

随着中国社会经济的进一步发展，能源资源消耗量进一步增加，环境日益难以承受。绿色技术推广应用作为提高能源资源利用效率、减少环境污染、建设绿水青山美丽中国的重要技术手段，承载着实现美丽中国梦的重要使命。未来，绿色技术的推广力度必将进一步加大，推广范围必将进一步拓宽。

绿色技术市场推广得到了政府和各利益相关方的重视。国家层面出台了相关的法律法规、纲领性指导文件、政策标准等宏观政策，引导绿色节能技术的推广应用。同时，国家相关部委纷纷出台各行业领域的绿色技术推广目录，为先进绿色技术进行背书，支持其宣传和推广应用。以政府补贴和政策“倒逼”、行业协会推动、金融机构推动的推广模式与以技术企业推动、合同能源管理机制推动的推广模式对于促进绿色技术推广起到了重要的作用。可以说，绿色技术推广取得了长足的进展和明显的成效。综合来看，有两个关键性问题影响绿色技术进一步推广。

一是绿色节能技术市场推广各利益相关方未形成协同合力。各利益相关方都在自己的职责范围内，为促进绿色技术推广贡献力量。例如，政府层面发布政策、指导性文件和推广目录；行业协会等组织积极为绿色技术推广开展宣传、咨询和服务；技术企业在市场上争取市场份额，销售绿色装备和产品。由于各方大都处于各自为战的状态，彼此之间的协同和配合不够，在绿色技术推广过程中，互相的支持不够，以致没有发挥出协同作用，没有形成合力。

二是没有形成以用户企业为导向的绿色技术推广模式，没有抓住关键问题和主要矛盾。在绿色技术推广中，最直接的利益相关方是技术企业和用户企业。技术企业通过推广绿色技术获利，同时为环境改善做出了贡献。而真正付出成本采购绿色技术，促进环境改善的是用户企业。因此，绿色技术能否在合适的应用场景中使用的决定权在用户企业。即用户企业掌握着是否采用某项绿色技术的决定权。在绿色技术推广过程中，除了用户企业外，包括技术企业在内的其他利益相关方也应建立用户企业导向思维，以为用户企业提供政策、标准、融资、约束机制等为主要目标，协同合作、集中力量为用户企业采用绿色技术提供推动力和拉动力，形成浓厚的绿色技术推广氛围和体制机制保障，确保用户企业能够积极主动、自愿地优先选择绿色技术。

7

绿色技术市场推广路径和重点任务

7.1 以用户企业为导向的绿色技术市场推广路径

促进绿色技术市场推广应建立长效机制，不断完善相关法律法规、政策标准，以激发绿色技术市场需求为突破口，以壮大创新主体、增强创新活力为核心，以优化创新环境为着力点，强化绿色技术全生命周期管理，加快构建以技术企业为主体、产学研深度融合、基础设施和服务体系完备、资源配置高效、成果转化顺畅的绿色技术创新体系，形成研究开发、应用推广、产业发展贯通融合的绿色技术创新新局面。

在绿色技术市场推广中，最关键的节点在于用户企业的选择，即在绿色技术和众多其他普通技术中，用户企业面对着各类因素，如成本价格、技术可靠性、后期运维、政策导向性等，在衡量各方面的因素之后，会最终做出怎样的技术选择。而用户企业没有开展绿色改造的原因是绿色发展观念不强，从思想上没有重视起来，被调查的59.66%的用户企业认为其绿色发展观念不强（见图7-1）。同时，绿色项目经济性差，缺乏资金也是阻碍绿色技术推广的重要因素。

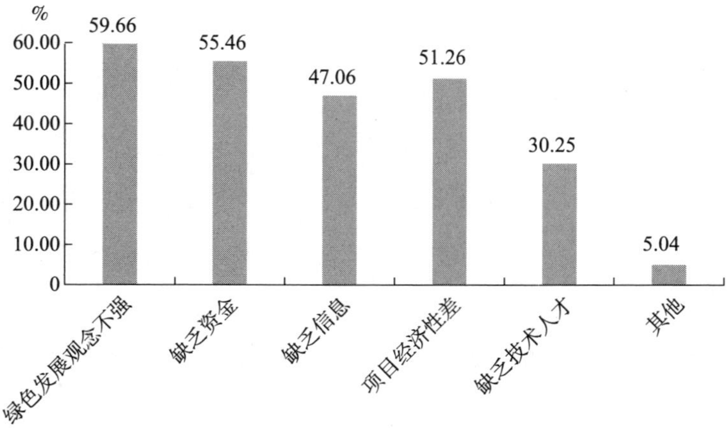

图 7-1　用户企业未进行绿色改造的原因

本书聚焦绿色技术市场推广，不能仅仅通过行政手段简单、粗暴地向用户企业进行推广，而是通过各种手段营造促进绿色技术推广的环境，促使用户企业基于市场化原则、利益最大化原则积极主动、自愿地采用绿色技术，提高生产效率和经济利益，同时为改善环境、绿色发展履行自己的社会责任。

因此，用户企业在绿色技术市场推广过程中占据关键核心地位，用户企业对绿色技术的决策直接决定了技术推广情况。绿色技术相关方如政府部门、行业协会、金融机构、第三方机构、技术企业都需要以用户企业的要求为市场导向，目的在于通过各种政策手段推动用户企业积极采用绿色技术（见图 7-2）。

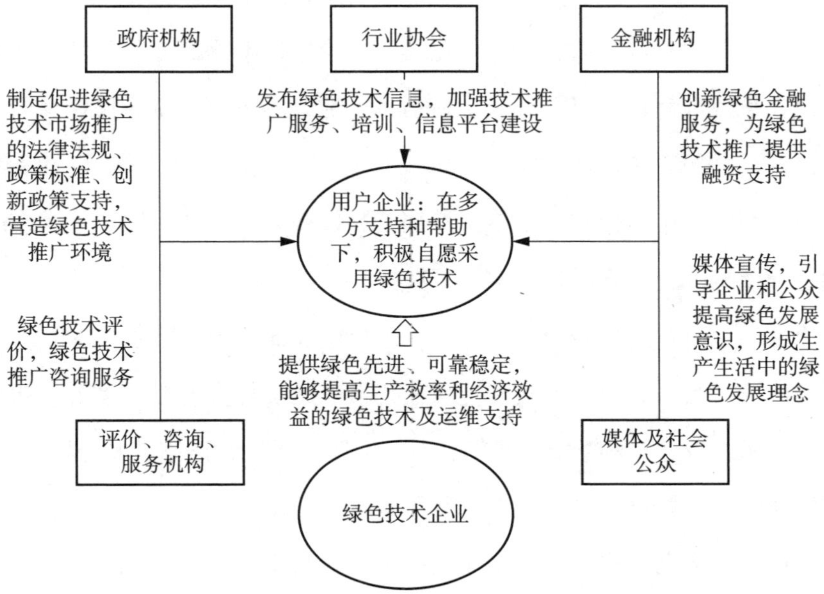

图 7-2 以用户企业为导向的绿色技术市场推广路径

7.2 绿色技术市场推广重点任务

7.2.1 健全和完善绿色技术推广相关法律法规、政策和技术标准体系

实施绿色技术标准专项计划，明确重点领域标准制订、修订任务。强化绿色技术通用标准研究，在生态环境污染防治、资源节约和循环利用、城市绿色发展、新能源、能耗和污染物协同控制技术等重点领域制订一批绿色技术标准，明确绿色技术关键性能和技术指标，开展绿色技术效果评估和验证。

依法完善产品能效、水效、能耗限额、碳排放、污染物排放等强制性标准，定期对强制性标准进行评估，及时更新修订。强化标准贯彻实施，“倒逼”企业进行绿色技术创新，采用绿色技术进行升级改造。

相关部门可以分门类、分行业地实施绿色技术标准专项计划，明确重点领域标准制订、修订任务。一方面，强化绿色技术通用标准研究，在生态环境污染防治、资源节约和循环利用、城市绿色发展、新能源、能耗和污染物协同控制技术等重点领域制订一批具有针对性、可操作的绿色技术标准，明确绿色技术关键性能和技术指标，便于政府部门、行业协会、企事业单位等相关方使用绿色技术标准，开展绿色技术效果评估和验证。另一方面，依法完善绿色技术产品及装备能效、水效、能耗限额、碳排放、污染物排放等强制性标准，定期对强制性标准进行评估，及时更新修订。强化标准贯彻实施，推动技术企业积极开展技术研发和创新，推动用户单位采用绿色技术对工艺流程等进行升级改造。

建立和完善绿色技术标准体系，要从以下几项具体工作展开，包括统一绿色技术内涵和评价方法，构建统一的绿色技术标准、认证、标识体系，实施统一的绿色技术评价标准清单和认证目录，健全绿色技术认证有效性评估与监督机制，加强技术机构能力和信息平台建设，推动国际合作和互认。

统一绿色技术内涵和评价方法。基于全生命周期理念，在资源获取、生产、销售、使用、处置等产品生命周期各阶段中，绿色产品内涵应兼顾资源能源消耗少、污染物排放低、低毒少害、易回收处理和再利用、健康安全和质量品质高等特征。采用定量与定性评价相结合、产品与组织评价相结合的方法，统筹考虑资源、能源、环境、品质等属性，科学确定绿色产品评价的关键阶段和关键指标，建立评价方法与指标体系。

构建统一的绿色技术标准、认证、标识体系。开展绿色产品标准体系顶层设计和系统规划，充分发挥各行业主管部门的职能作用，共同编制绿色产品标准体系框架和标准明细表，统一构建以绿色产品评价标准子体系为牵引、以绿色产品的产业支撑标准子体系为辅助的绿色产品标准体系。参考国际实践做法，建立符合中国国情的绿色产品认证与标识体系，统一制定认证实施规则和认证标识，并发布认证标识使用管理办法。

实施统一的绿色技术评价标准清单和认证目录。国家市场监督管理总局与有关部门统一发布绿色产品标识、标准清单和认证目录，依据标准清单中的标准组织开展绿色产品认证。组织相关方对有关国家标准、行业标准、团体标准等进行评估，适时列入绿色产品评价标准清单；会同有关部门建立绿色产品认证目录的定期评估和动态调整机制，避免重复评价。

健全绿色技术认证有效性评估与监督机制。推进绿色产品信用体系建设，严格落实生产者对产品质量的主体责任、认证实施机构对检测认证结果的连带责任，对严重失信者建立联合惩戒机制，对违法违规行为的责任主体建立黑名单制度。运用大数据技术完善绿色产品监管方式，建立绿色产品评价标准和认证实施效果的指标量化评估机制，加强认证全过程信息采集和信息公开，使认证评价结果及产品公开接受市场检验和社会监督。

7.2.2 健全和完善绿色金融财会制度体系

2016 年 8 月 31 日，中国人民银行、财政部等七部委印发《关于构建绿色金融体系的指导意见》，该意见指出，绿色金融是为支持环境改善、应对气候变化和资源节约高效利用的经济活动，即对环保、节能、清洁能源、绿色交通、绿色建筑等领域的项目投融资、项目运营、风险管理等所提供的金融服务；是通过绿色信贷、绿色债券、绿色股票指数和相关产品、绿色发展基金、绿色保险、碳金融等金融工具和相关政策支持经济向绿色化转型的制度安排，逐步构建绿色金融体系。其主要目的是动员和激励更多社会资本投入绿色产业，同时更有效地抑制污染性投资。构建绿色金融体系，不仅有助于加快我国经济向绿色化转型，支持生态文明建设，也有助于促进环保、新能源、节能等领域的技术进步，加快培育新的经济增长点，提升经济增长潜力。建立健全绿色金融体系，需要金融、财政、环保等方面的政策和相关法律法规的配套支持，通过建立适当的激励和约束机制解决项目环境外部性问题。同时，需要金融机构和金融市场加大创新力度，通过发展新的金融工具和服务手段，解决绿色投融资面临的期限错配、信息不对称、产品和分析工具缺失等问题。

引导银行业金融机构合理确定绿色技术贷款的融资门槛，积极开展金融创新，支持绿色技术创新企业和项目融资。研究并制定公募和私募基金绿色投资标准与行为指引，把绿色技术创新作为优先支持领域。发展多层次资本市场和并购市场，健全绿色技术创新企业投资者退出机制。鼓励绿色技术创新企业充分利用国内外市场上市融资。鼓励保险公司开发支持绿色技术创新和绿色产品应用的保险产品。鼓励地方政府通过担保基金或委托专业担保公司等方式，对绿色技术创新成果转化和示范应用提供担保或其他类型的风险补偿。涉及绿色金融对绿色技术创新的相关试点，在国务院批复的绿色金融改革创新试验区先行先试。

7.2.3 着力优化打造绿色技术推广一流营商环境

制定并发布绿色技术推广目录、绿色技术与装备淘汰目录，引导绿色技术创新和发展方向，推动各行业技术装备升级，鼓励与引导社会资本投向绿色技术创新研发和推广应用。

围绕节能环保、清洁生产、清洁能源、生态保护与修复、城乡绿色基础设施、城市绿色发展、生态农业等领域关键共性技术、前沿引领技术、现代工程技术、颠覆性技术创新，对标国际先进水平，通过国家科技计划，前瞻性、系统性、战略性地布局一批研发项目，突破关键材料、仪器设备、核心工艺、工业控制装置的技术“瓶颈”，推动研制一批具有自主知识产权且达到国际先进水平的关键核心绿色技术，切实提升原始创新能力。

加强技术机构能力和信息平台建设。建立健全绿色产品技术支撑体系，加强标准和合格评定能力建设，开展绿色产品认证检测机构能力评估和资质管理，设置一批绿色产品标准、认证、检测专业服务机构，提升技术能力、工作质量和服务水平。建立统一的绿色产品信息平台，公开发布绿色产品相关政策法规、标准清单、规则程序、产品目录、实施机构、认证结果及采信状况等信息。

扩大政府绿色采购范围，在现有节能环保产品的基础上增加循环、低碳、再生、有机等政府采购产品。鼓励国有企业、其他企业自主开展绿色采购。遴选市场急需、具有实用价值、开发基础较好的共性关键绿色技术，政府以招标采购等方式购买技术，通过发布公告等形式向社会免费推广应用。

推行产品绿色（生态）设计，发布绿色（生态）设计产品名单，编制相关评价技术规范。大力推动绿色生产，健全绿色工厂评价体系，开展绿色工厂建设示范。推动企业运用互联网信息化技术，建立覆盖原材料采购、生产、物流、销售、回收等环节的绿色供应链管理体系。继续推进建立统一的绿色产品认证制度，对家用电器、汽车、建材等主要产品，基于绿色技术标准，从设计、材料、制造、消费、物流和回收、再利用环节开展产品全生命周期和全产业链绿色认证。积极开展第三方认证，加强认证结果采信，推动认证机构对认证结果承担连带责任。

7.2.4 促进绿色技术企业发挥技术推广主导作用和市场主体作用

尊重和把握绿色技术创新的市场规律，充分发挥市场在绿色技术创新领域、技术路线选择及创新资源配置中的决定性作用。充分发挥企业在绿色技术研发、成果转化、示范应用和产业化中的主体作用，培育发展一批绿色技术创新龙头企业。发挥企业的带动作用，推进“产学研金介”深度融合、协同创新。

7.2.5 推动和促进绿色技术推广的国际合作与对外开放

用国际视野谋划绿色技术创新，积极参与全球环境治理，加强绿色技术创新国际交流合作。加大绿色技术创新对外开放力度，积极引进、消化、吸收国际先进绿色技术，促进国内企业“走出去”，全面提升我国绿色技术创新对外开放的格局和地位。

深度参与全球环境治理，促进绿色技术创新领域的国际交流合作。以二十国集团（G20）、“一带一路”、金砖国家等合作机制为依托，推进建立“一带一路”绿色技术创新联盟等合作机构，强化绿色技术创新国际交流。

通过举办博览会、论坛等形式积极传播绿色技术创新理念和成果，促进绿色技术国际交易和转移转化，推动龙头企业在部分国际绿色技术研发领域发挥引领作用。开展国际十大最佳绿色技术和十大最佳节能实践（“双十佳”）评选与推广，促进优秀绿色技术成果推广应用。

积极引进国际先进绿色技术，鼓励国际绿色技术持有方通过技术入股、合作设立企业等方式，推动绿色技术创新成果在国内转化落地，强化对国际绿色技术的产权保护。支持国家级经济技术开发区等建设国际合作生态园区，国外绿色技术创新企业独资或合资在国内设立绿色技术创新园区或建设“园中园”，按规定享有与国内企业同等优惠的政策。

积极创造便利条件，鼓励有条件的企业、本科高校、职业院校和科研院所“走出去”，按照国际规则开展互利合作，促进成熟绿色技术在其他国家转化和应用。

推动国际合作和互认。围绕服务对外开放和“一带一路”建设，推进绿色产品标准、认证认可、检验检测的国际交流与合作，开展国内外绿色产品标准比对分析，积极参与制定国际标准和合格评定规则，提高标准的一致性，推动绿色产品认证与标识的国际互认。合理运用绿色产品技术贸易措施，积极打破国外绿色壁垒，推动我国绿色产品标准、认证、标识制度“走出去”，提升我国参与相关国际事务的制度性话语权。

8

绿色技术市场推广的建议和措施

8.1 基于全生命周期的绿色技术推广

8.1.1 加大科技投入力度，支持绿色技术推广商业化示范工程

组织重点企业、科研院所、有关高校和行业协会组建产学研用的研发平台或产业联盟，加快绿色关键共性技术及核心装备的研发。加大对绿色技术研发和科技工作的资金投入力度，在国家科技专项计划中安排项目攻克绿色关键共性技术和核心装备难关。制定绿色新技术商业化示范工程实施方案，支持重大绿色新技术商业化示范工程建设。依托商业化示范工程，促进绿色关键共性技术的创新，使其转化为商业装备和工艺技术，并逐渐成长为市场的主导工艺、技术和装备。

8.1.2 推动绿色技术遴选与评价过程规范化

制定绿色先进适用技术遴选与评价管理办法，定期组织开展绿色技术的遴选与评估。建立统一、可操作性强的技术遴选和评估标准，形成规范化的评估流程。根据绿色技术的特征和属性，建立相应的技术分类和评估指标体系，统一指标核算边界。采用科学定量的技术评估方法，结合基于专家经验的定性判断，对绿色技术进行系统和科学评估，切实为企业提供有可靠保障的绿色技术，为用户企业提供借鉴和参考。

8.1.3 推动成长期绿色技术应用规模化和产业化

普及率小于20%、回收周期小于5年的绿色技术，经济效益较好，基本处于技术成长期，但认知度不高。建议针对此类绿色技术，协助企业制定绿色技术推广方案，明确绿色技术推广的年度目标，重点项目落实到具体企业。继续采用以奖代补或预算内投资补助的方式，引导鼓励绿色技术的推广和应用。建议改变补助或奖励标准“一刀切”的做法，根据绿色行业的整体技术水平或技术的特点，分行业或技术类别确定补助的门槛、比例或金额，总额度可控制在10%以下，补助的力度可随普及率的提高而减小。同时加大对绿色技术的宣传力度，利用国家、行业协会的信息服务平台、技术博览会、专题推介会等方式进行绿色技术的推广。

8.1.4 推动成熟期绿色技术推广应用普及化

普及率大于70%的绿色技术，市场认知度较高。针对该类绿色技术，可制定并发布国家层面、省级层面、行业层面的绿色技术推广指导目录，指导企业普及应用该类绿色技术。通过为企业提供贴息或担保的方式予以鼓励，贴息的额度控制在2%左右，以降低绿色技术项目的融资成本，鼓励绿色技术的普及应用。

普及率大于20%、小于70%的绿色技术，基本处在成熟期，具有一定的市场认知度，但普及率仍有待提高。针对该类技术，可制定并发布绿色技术应用指南，说明技术的原理和应用效果，指导企业应用该类绿色技术。对此类绿色技术，建议采用以奖代补、投资补助或贴息的方式予以支持，支持的额度控制在5%左右，以加快该类绿色技术的普及应用。

8.2 强化约束机制和“倒逼”机制促进用户单位采用绿色技术

8.2.1 推动开展创建绿色制造体系、节约型机关、绿色学校等绿色主题系列活动

推动构建市场导向的绿色技术创新体系。绿色技术的最终用户是采购绿色技术的单位，主要包括工业、农业、服务业等各行业各类用户单位，机关、学校、社区、商业综合体等建筑。根据党的十九大报告内容，相关部门应出台相关政策和措施，推动创建绿色制造体系、节约型机关、绿色学校等绿色主题系列活动，形成约束机制和“倒逼”机制，可以推动用户单位在面临普通技术和绿色技术的选择时，优先选择先进适用的绿色技术。

8.2.2 加强重点用户企业和单位的监督考核，“倒逼”采用绿色技术

探索建立企业绿色管理绩效评价制度，指定专门机构负责推动企业绿色技术应用，加强对企业完成绿色制造等指标的考核、管理制度建设情况和绿色技术应用落实情况的跟踪与评价考核。进一步完善企业绿色目标的考核，建立和完善相应指标评价体系。根据企业所处行业、产品的特点，加强相关单位绿色发展的约束性，出台相关问责办法，综合运用限批、不予评奖、取消优惠措施、采取差别电价等经济和行政的手段严格问责，确保企业有足够压力采用先进适用的绿色技术。

8.2.3 积极推动绿色技术潜在应用单位开展绿色技术应用情况核查

绿色技术推广是一个较为专业的领域，涉及绿色技术的认定、技术原理等内容。绿色技术潜在应用单位往往存在着绿色技术应用意识不强，技术了解不够，认为绿色技术应用会影响系统运行效率、存在安全隐患等一系列问题。作为市场主体和追求经济效益最大化的企业，绿色技术潜在应用单位没有主动地去了解绿色技术推广的内容。

积极推动钢铁、有色、电力、建材等重点行业重点企业开展绿色技术应用情况核查。组织专家组深入绿色技术潜在应用单位，了解其绿色技术应用情况以及其对绿色技术推广是否具有较强的意愿、是否采用了绿色技术、采用绿色技术的技术设备占比，挖掘其未来采用绿色技术的空间，并对相关绿色技术进行宣介。

专家组针对有意愿进行绿色技术系统改造的应用单位的绿色技术应用情况进行调研，详细出具绿色技术应用现状和潜力分析报告；并协助绿色技术潜在应用单位制定绿色技术应用改造方案，匹配相应的绿色技术；推进其绿色生产和绿色工厂建设。

8.3 建立和完善金融财税机制，促进绿色技术推广应用

8.3.1 创新多样化财政资金的投入和使用方式

建议以财政资金和亚洲开发银行、世界银行等国际机构的资金为种子，吸引技术拥有方、第三方机构等各类组织投入资金，共同建立绿色技术推广基金，发挥项目奖励或补助、项目投融资服务、技术产权交

易、能力建设等功能，逐步引导建立绿色技术进步的财政激励机制。项目的奖励和补助是为商业化、产业化示范项目，绿色技术工程等项目提供财政奖励和投资补助。应进一步研究并出台财政资金使用细则，细化激励政策，根据绿色技术普及率、经济性和应用领域，区别对待、分类使用，最大限度地发挥财政资金的使用效益，引导绿色技术进步。对中小企业应用绿色技术推广目录中技术的项目，在补助金额方面予以倾斜，也可以提供融资担保服务。项目的投融资服务重点是为示范项目、工艺替代项目等投资较大的项目提供长期贷款、融资担保、贴息等服务。绿色技术产权交易是指推广基金可在专业交易平台上买卖技术产权，间接为绿色技术持有方和技术应用方提供融资支持。能力建设服务，是指为绿色技术推广网络建设、机构能力建设、有关政策研究提供资金支持。

8.3.2 创新采用税收杠杆促进外部成本内部化

我国已实施能源项目、环保和节能节水项目“三免三减半”的税收优惠，对“两高一资”产品逐步减少退税，推出了对纯电动汽车、燃料电池汽车和混合动力汽车的车船税减免制度等税收优惠政策来促进相关技术的发展。但我国在财税工具的运用上，更倾向于使用财政手段，而对税收的作用重视不够。建议构建我国绿色税制，加强税收的调节作用，平衡我国的财政和税收职能，增强财政和税收的协同调控作用。

出台我国针对绿色技术推广目录中技术应用的税收优惠政策，对应用目录中进行技术改造或新建的装置实行投资抵免、加速折旧和税收减免，并对绿色技术转让采取免税，推动资源综合利用技术和离散型行业绿色技术的推广应用。

适时征收碳税等绿色税收，促使化石能源的外部成本内部化，促进先进适用技术的推广应用。与此同时，注意税收收入中性改革，使税收收入基本保持不变，减少对国民经济的影响。发达国家在开征碳税时，都遵循了税收收入中性的原则，即在开征碳税的同时，降低所得税、社会保障税等税种的征收。

8.3.3 创新市场化金融产品和服务

加大绿色信贷投入力度，明确信贷支持重点。对使用绿色技术、符合国家产业政策及相关要求的技术改造项目，银行业金融机构应当按照商业可持续原则重点给予信贷支持。对生产、进口、销售或者使用列入淘汰名录的技术、工艺、设备、材料或产品的企业，银行业金融机构不得提供任何新增授信支持，原有的授信要逐步压缩和收回。

创新绿色技术推广融资金融产品和服务方式，拓宽企业融资渠道。创新担保方式，研究推动应收账款、收费权质押以及包括专有知识技术、许可专利及版权在内的无形资产质押等贷款业务，结合融资租赁、保理等金融模式和合同能源管理模式，将股权、债权和资本市场融资融为一体，促进融资服务的多样性，引导社会资本合理流入绿色技术推广和应用领域。

8.4 完善绿色技术推广网络平台建设和市场化运行，推动绿色技术完善市场化推广机制

8.4.1 构建立体式绿色技术推广网络平台

建立上下联动、职责清晰的省、市、县三级绿色技术推广网络平台，作为我国绿色技术推广的重要途径和渠道。推广网络的参与方包括政府主管部门、科研院所、有关行业协会，绿色技术企业、重点用户企

业单位以及各类中介、服务机构等。政府主管部门负责构建推广网络、健全推广机制，协调绿色技术拥有方、设计机构、技术服务企业和技术需求方等各利益相关者关系，调动各方参与积极性，推进绿色技术推广应用与利益共享。相关行业协会、中介及服务机构受政府主管部门的委托，负责组织绿色技术的市场化推广和应用，为绿色技术的推广提供技术评估、信息和咨询等服务。

建设绿色技术信息服务平台，为绿色技术的遴选、评估、推广、交易提供支撑平台。加快推进绿色技术推广管理标准化、信息化工作步伐，逐步实现绿色技术信息管理系统化和网络化。

鼓励第三方机构开展绿色技术评估及咨询服务，建立绿色技术服务机构资质管理制度，开展绿色技术服务行业资格认证，建立绿色技术服务信用体系，鼓励绿色技术推广服务机构的良性竞争，保障绿色技术推广服务产业健康、有序发展。

8.4.2 加强绿色技术推广和服务机构的能力建设

加强对绿色技术推广和服务机构的能力建设，强化监管和服务，明确其在技术推广方面的职能定位和相关职责，强化实验、检测、培训等硬件条件建设，加强绿色技术人才队伍建设，人员构成应以专业技术人员为主体，分层次开展人员培训，提升技术实力。依托大型企业与高等院校建设区域性绿色发展培训基地和教育基地，研发专用教材，加强各类服务机构能力建设，提高服务能力。

8.4.3 拓宽绿色技术信息传播渠道，提高绿色技术推广应用意识

通过传统媒体、新媒体等多种信息传播渠道，宣传绿色技术及其对

节约资源、保护环境的效果，不断增加用户企业和单位、社会公众群体对绿色技术的了解，提高为绿色发展做贡献的意识，以意识促行动。

建立绿色技术推广多元化渠道，除了发挥国家发布绿色技术相关目录、指南、推广实施方案等主渠道作用外，还可借助技术展览会、推介会、交易会等多种形式组织推广先进适用绿色技术和最佳实践案例，拓宽绿色技术服务机构与技术需求企业之间的交流渠道，为企业了解和选择先进适用绿色技术创造更多的条件，提升第三方机构推动绿色技术推广的能力。

参 考 文 献

［1］王许，姚星，朱磊．基于低碳融资机制的 CCS 技术融资研究［J］．中国人口·资源与环境，2018（4）：17-25.

［2］公丕芹，辛升，于泽昊．绿色技术市场推广路径探析［J］．中国能源，2020，42（5）：11-14+47.

［3］潘锡杨，李建清．科技伦理视域下的绿色技术创新研究［J］．自然辩证研究，2014（6）：82-88.

［4］王一鸣．中国碳达峰碳中和目标下的绿色低碳转型：战略与路径［J］．全球化，2021（6）：5-13.

［5］杨顺顺．绿色技术推广：经验借鉴、策略梳理及匹配分析［J］．中国环境管理，2021（4）：93-99.

［6］蔡小哩，丁志刚，晚春东．碳交易风险下高耗能企业低碳技术采纳时机决策［J］．企业经济，2018，37（6）：19-24.

［7］邢青松，曾梦秋，邓富民．环境规制下考虑策略退出的绿色技术合作创新动态演化分析［J］．系统工程理论与实践，2023（a）：1-19.

［8］刘立，王博．中日韩低碳技术发展模式比较研究［J］．科技进步与对策，2014，31（22）：26-30.

［9］刘慧，陈光．企业绿色技术创新：一种科学发展观［J］．科学

学与科学技术管理，2004（8）：82-85.

［10］贾军，张伟．绿色技术创新中路径依赖及环境规制影响分析［J］．科学学与科学技术管理，2014（5）：44-52.

［11］辛春林，张婷婷，李梦柔．绿色发展的起源、概念和评价［J］．化工管理，2018（13）：1-2.

［12］李华旭，孔凡斌，陈胜东．长江经济带沿江地区绿色发展水平评价及其影响因素分析：基于沿江11省（市）2010—2014年的相关统计数据［J］．湖北社会科学，2017（8）：68-76.

［13］许庆瑞，王伟强，吕燕．中国企业环境技术创新研究［J］．中国软科学，1995（5）：16-18.

［14］XU L，FAN M，YANG L，et al. Heterogeneous green innovations and carbon emission performance：Evidence at China's city level［J］. Energy Economics，2021（99）：105-269.

［15］徐成龙，庄贵阳．低碳适用技术的概念、评估与减排效益分析：以吉林省为例［J］．科技管理研究，2018，38（19）：234-239.

［16］陈向国，刘京佳．先进技术支撑碳达峰碳中和目标实现［J］．节能与环保，2022（6）：10-21.

［17］马名杰．共性技术的内涵与评判标准［J］．新经济导刊，2004（22）：74-78.

［18］李纪珍．产业共性技术供给体系［M］．北京：中国金融出版社，2004：36-73.

［19］付帼，卢小丽，武春友．中国省域绿色创新空间格局演化研究［J］．中国软科学，2016（7）：89-99.

［20］宋清华，林永康．加快建设制造强国背景下金融集聚与制造业企业绿色技术创新［J］．金融经济学研究，2023（1）：84-99.

［21］范新川，薛雪如，王姗姗．“双碳”背景下能源化工集团绿色低碳技术路径研究［J］．煤炭加工与综合利用，2022（3）：61-68.

［22］张锁江，张香平，葛蔚，等．工业过程绿色低碳技术［J］．中国科学院院刊，2022，37（4）：511-521.

［23］刘峰，郭林峰，赵路正．双碳背景下煤炭安全区间与绿色低碳技术路径［J］．煤炭学报，2022（1）：1-15.

［24］刘仁厚，杨洋，丁明磊，等．“双碳”目标下我国绿色低碳技术体系构建及创新路径研究［J］．广西社会科学，2022（4）：8-15.

［25］张颖，郭嘉宁，李慧明．油气领域碳捕集与封存利用技术综述［J］．中国石油和化工标准与质量，2021（23）：191-192.

［26］刘晓东，毕克新，叶惠．全球价值链下低碳技术突破性创新风险管理研究：以中国制造业为例［J］．中国软科学，2016（11）：152-166.

［27］夏太寿，李淑涵．我国低碳技术成果转化影响因素研究：基于主成分分析的实证研究［J］．生态经济，2018（11）：90-95.

［28］李旭．绿色创新相关研究的梳理与展望［J］．研究与发展管理，2015（2）：1-11.

［29］莫君媛．绿色低碳技术创新发展现状及对策［J］．电器工业，2022（5）：1-5.

［30］中国银保监会政策研究局课题组．中国绿色金融发展回顾与展望［J］．中国银行业，2022（1）：22-25.

［31］许晓冬，秦续天，刘金晶．新发展格局下我国区域绿色技术创新能力评价研究［J］．价格理论与实践，2022（3）：165-168.

［32］潘苏楠．中国人力资本结构高级化对经济发展的影响机理研究［D］．长春：吉林大学，2022.

[33] 褚赞赞．积极打造绿色技术创新体系［N］．中国建材报，2019-06-05.

[34] 何珺．2022年我国将基本建成市场导向的绿色技术创新体系［N］．机电商报，2019-05-27.

[35] 褚赞赞．加强绿色技术创新　推进生态文明建设［N］．建筑时报，2019-07-01.

[36] 黄欣荣，陈仕伟．关键核心技术攻关的新型举国体制：目标、机制与模式［J］．新疆师范大学学报（哲学社会科学版），2023，44（1）：94-104.

[37] 张宇，钱水土，谢乔昕．绿色金融发展与产业结构清洁化：基于环境技术进步偏向中介效应的实证［J］．山东工商学院学报，2023，37（1）：80-94.

[38] 王南，李禹忱．ESG表现对企业投资效率的影响及作用机制：基于2011—2020年我国A股上市公司数据的分析［J］．财会研究，2022（12）：30-39.

[39] 衡孝庆，魏星梅，邹成效．绿色技术研究综述［J］．科技进步与对策，2010，27（14）：153-155.

[40] 罗鸿．外部性内部化的公共政策手段和科斯定理［J］．现代商贸工业，2007（12）：92-93.

[41] 余淑均．对绿色技术内涵与类别的再思考［J］．武汉工程大学学报，2007（5）：40-42.

[42] 李启明．企业绿色技术创新的激励机制研究［D］．杭州：浙江大学，2010.

[43] 郭振中，张传庆．关于构建绿色技术政策体系的几点思考［J］．东北大学学报（社会科学版），2007（1）：48-51.

［44］熊英，别智．绿色产业与绿色产品、绿色商标［J］．中华商标，2010（11）：21-24.

［45］宋阳．浙江趟路用能权改革［N］．中国经济导报，2016-01-19.

［46］赵倩．我国用能权法律制度研究：基于试点地区实践效果的分析［D］．北京：北京理工大学，2020.

［47］宿丽霞，杨忠敏，张斌，等．企业间绿色技术合作的影响因素：基于供应链角度［J］．中国人口·资源与环境，2013，23（6）：149-154.

［48］谢颖．英国环境税制的演变及效应评估［J］．生产力研究，2014（9）：59-61+137.

［49］马文杰，胡玥．地区碳达峰压力与企业绿色技术创新：基于碳排放增速的研究［J］．会计与经济研究，2022，36（4）：53-73.

［50］丁冬．中药技术创新的战略选择研究［J］．医学与社会，2005（9）：25-28.

［51］马丽仪，陶秋燕，贺俊，等．我国技术扩散服务体系构建研究［J］．科技促进发展，2019，15（5）：447-455.

［52］阮传扬，韩莉娜．高新技术产业集群技术创新扩散的内生机制：以广州市为例［J］．广东经济，2019（11）：52-57.

［53］班娟娟．“技术+金融”两支点撬动绿色经济［N］．经济参考报，2017-11-09.

［54］谢海燕．建立环保倒逼机制促进经济发展方式转变［J］．中国经贸导刊，2011（22）：55-57.

［55］李志英．美国能源效率与节能法及对我国的启示［J］．知识经济，2010（17）：30-31.

[56] 原国家经贸委资源节约与综合利用司赴美节能培训班．美国的节能政策和管理模式及对我国的启示［J］．节能与环保，2003（8）：1-4.

[57] 周篁．美国可再生能源和节能情况考察［J］．中国能源，2006（12）：15-19.

[58] 公丕芹．区块链在合同能源管理和节能技术推广领域的应用研究［J］．中国经贸导刊，2019（20）：66-68.

[59] 杜政清．美国节能政策简介［J］．外国经济与管理，1999（3）：5-6.

[60] 柳娟．欧盟节能法律制度研究［D］．北京：华北电力大学，2010.

[61] 戴丽．工业绿色发展　实现制造强国［J］．节能与环保，2017（3）：26-31.

[62] 孔祥娟，张峰．我国绿色建筑成就斐然［N］．中国建设报，2008-06-25.

[63] 左蔚．欧盟国家加强节能工作的措施和做法［J］．中国科技投资，2009（3）：25-27.

重要术语索引

B

庇古税…………………………… 011

G

公地悲剧………………………… 011

H

合同能源管理…………………… 028

J

节能效益分享型………………… 069

节能量保证型…………………… 069

K

科斯定理………………………… 011

L

绿色技术………………………… 004

N

能源费用托管型………………… 069

Q

全生命周期……………………… 048

W

外部性…………………………… 011